Printed in the United States
By Bookmasters

الرقابة على
الأعمال الإدارية

الرقابة على
الأعمــال الإداريـــة

الدكتور

زاهر عبد الرحيم عاطف

الطبعة الأولى

2009م/ 1430هـ

المملكة الأردنية الهاشمية
رقم الإيداع لدى دائرة
المكتبة الوطنية
(3080/ 2008/9)

658.15
عاطف، زاهر

الرقابة على الأعمال الإدارية

زاهر عبد الرحيم عاطف _ عمان: دار الراية، 2009.

ج1 (214)ص.

ر.أ.: (2008/9/3080).

الواصفات: /إدارة المشاريع// إدارة الأعمال/

ردمك: ISBN 978-9957-499- 54 -9

* إعدادات دائرة المكتبة الوطنية بيانات الفهرسة والتصنيف الأولية

دار الراية للنشر والتوزيع

شارع الجمعية العلمية الملكية - المبنى الاستثماري الأول للجامعة الأردنية
هاتف 5338656 (9626)
فاكس 5348656(9626) نقال 77241212 962 ص.ب 2547
الجبيهة الرمز البريدي 11941 عمان- الأردن
E-mail: dar_alraya@yahoo.com

فهرس الكتاب

الصفحة	الموضوع

الموضوع	الصفحة

الصفحة	الموضوع

مقدمة:

تعتبر الرقابة على الأعمال الإدارية عنصراً هاماً ورئيسياً مـن عنـاصر العمليـة الإداريـة ومنظمات الأعمال، والتي يقوم بها الإداري في أي مستوى إداري أو أي أعـمال ينـاط بها، وتظهـر أهميتهـا كونهـا أداة تعمل على تحديد مقياس درجة أداء النشاطات التي تتم في المنظمات من اجل تحقيق أهدافها.

وتهدف أيضاً إلى التأكـد مـن أن النتـائج المحققـة تطابق وتوافـق تلك الخطـط مـن قبـل، وأي انحرافات عن هذه النتائج المخططة يتم اكتشافها فتتخذ في الحال الإجراءات التصحيحية اللازمة بما يحقق أهدافها، يجب توجد الرقابة في أي مجال من مجالات العلوم الإدارية المختلفة بالتسويق والمبيعات والإنتاج والأفراد والمشتريات والمخازن المالية والاجتماعية والثقافية والاقتصادية والسياسية والأخلاقية وغيرها.

تم تقسيم الكتاب إلى عشرة فصول كما يلي:

الفصل الأول ويشمل ماهية الإدارة، الفصل الثاني الرقابة الإدارية، الفصل الثالـث أدوات الرقابـة الإدارية، الفصل الرابع الرقابة على الأعمال الإدارية، الفصل الخـامس الرقابـة والمتابعـة والتقيـيم، الفصـل السابع الرقابة الداخلية على المحاسبة، الفصل الثامن الفساد وكيفية الرقابة عليه (الشفافية)، الفصل التاسع المسؤولية الاجتماعية في الأعمال الإدارية، الفصل العاشر أجهزة الرقابة الداخليـة وديـوان الخدمـة المدنيـة والإصلاح الإداري في إدارة الموارد البشرية في الأردن.

المؤلف

الفصل الأول
ماهيــة الإدارة

ماهية الإدارة

تعاريــف الإدارة:

- الإدارة هي: عملية ذهنية وسلوكية
- الإدارة هي: تخطيط سليم " تنظيم سليم" الرقابة السـليمة" وهـي المرتكـز الأسـاسي لأي نشـاط ومـن وظائفها:

1) التخطيط: يعمل على تحديد الهدف
2) التنظيم: يعمل على تحديد المهام للوصول إلى تحقيق الهدف.
3) التوجيه: توجيه القيادة وإرشادها.
4) الرقابة: الرقابة على العمل واستنباط الأخطاء وعلاجها.

- الإدارة: خدمة يقدمها جهاز خاص وجهاز عام.

تعريف شامل للإدارة:

هي عملية ذهنية وسلوكية تعطي إلى استغلال الموارد المتاحة عن طريق تنظيم الجهـود الجماعيـة وتنسيقها بشكل يحقق الهدف بكفاءة وفاعلية وبوسائل إنسانية مما ساهم في تحسين حياة الإنسان سـواءً كان عضواً في التنظيم أو مستفيداً من خدماته وأياً كان المجال الذي يمارس فيه.

عناصر الإنتاج: أربعة مادية والخامس غير مادي وغير ملموس.

1) القوى البشرية.
2) المواد.
3) المكائن والمعدات.

4) والمباني والإنشاءات.

5) الإدارة مع أن الإدارة لا تدخل بصورة مادية في الإنتاج إلا أنها ضرورية ومهمة وذلك لأنها تعمل على تفاعل العناصر المادية الأخرى لينتج عنها ما هو مطلوب إنتاجه من سلع وخدمات بأقل ما يمكن من جهد وتكاليف.

<u>مبادئ الإدارة:</u>

الإدارة تعني إلى رفاهية المجتمع من خلال إمكانيات متوفرة ممثلة بـ

- الموارد البشرية.

- التقنية.

- البشري بالإضافة إلى المال.

كلها تعمل على تحقيق رفاهية المجتمع وكل ما ذكرنا يتحقق من خلال عنصر الإدارة.

الإدارة الناجحة:

هي الإدارة القادرة على استغلال جميع عناصر الإنتاج وتسخيرها لتحقيق حاجات المجتمع ككل وبرفع مستوى معيشة الأفراد عن طريق تحويل الموارد المحدودة غير المنظمة فيه إلى مشاريع نافعة. الإدارة الناجحة قوة غير منظورة إلا أنه يستدل على عدم وجودها بالنتائج السيئة لغيابها.

أدوار الإدارة:

1) تعمل على تحديد الأهداف المطلوب الوصول إليها.

2) توفير عناصر الإنتاج العادية والمطلوبة.

3) وضع الموظف في الوظيفة التي تتناسب مع مؤهلاته وخبراته وقدراته.

4) تقوم باتخاذ القرارات لتحقيق الأهداف بأقل ما يمكن من المال والوقت والجهد أي تحقيق مبدأ الكفاية الإنتاجية.

5) العمل على وضع معايير محدده لقياس الأداء والتأكد من مدى تحقيق الأهداف.

مظاهر الإدارة:

الاستعانة بما يتيح لهم فرصة الاستيلاء على أجزاء من سوق وذلك:

1) اقتراض الأموال دون التخطيط لسدادها.

2) التوسع دون خبرة أو دراسة كافية.

3) سوء اختيار العاملين أو عدم وضعهم في الوظائف التي تناسب قدراتهم.

4) التراخي في تحصيل الديون التي للمنشأة.

5) التراخي في سداد الديون المستحقة على المنشأة.

يعود تعدد المفاهيم التي تستعمل فيها فظ "إدارة" إلى عدم وجود نظرية شاملة وعامة أو يتفق عليها للإدارة لأسباب عديدة منها:

1) أنها علم تطبيقي أكثر منه نظري.

2) أنها علم اجتماعي أكثر منه علم.

3) أنها علم يمتد مفاهيمه ومبادئه على كثير من العلوم الأخرى مثل علم النفس وعلم الاجتماع والعلوم الرياضية والحياتية والفيزيائية.

4) أنها علم يعتمد في أحيان كثيرة على الظروف المحلية والموقف السائد.

⁕⁕ سؤال: هل الإدارة قديمة او حديثة مع الشاهد على ذلك:

جواب: الإدارة أقدم ما عرف الإنسان لأنها تطورت مع الزمن، ولا شك أن رؤساء القبائل والقادة العظام قد فهموا معنى الإدارة فكانوا يديرون شؤون القبيلة أو البلاد ويديرون الحروب ولكن النظرة الحديثة للإدارة انبعثت منذ أوائل القرن العشرين فأصبحت الإدارة متطورة.

تعريف الإدارة:

- العالم (فريدريك تايلور) أبو الإدارة العلمية ومؤسس المدرسة الكلاسيكية فيقول ان الإدارة: هي المعرفة الدقيقة لما تريد من الرجال أن يعملوه ثم التأكد من أنهم يقومون بعمله بأحسن طريقة وأرخصها.

- العالم (هنري فايول) الذي يعتبر بحق الأب الحقيقي للإدارة الحديثة فيقول أن الإدارة: أن تقوم بالإدارة معناه أن تتنبأ وأن تخطط وأن تنظم وأن تصدر الأوامر وأن تنسق وأن تراقب.

- العالم (كونتز واودنيل) الإدارة هي: وظيفة تنفيذ المهام عن طريق الآخرين ومعهم.

- العالمان (كيمبول وكيمبول الأصغر) يقولان أن الإدارة هي: تشمل الإدارة على جميع الواجبات والوظائف ذات العلاقة وإنشاء المشروع وتمويله وسياساته الرئيسية وتوفير كل المعدات اللازمة ووضع الإطار التنظيمي العام الذي سيعمل ضمنه واختيار موظفيه الرئيسين، فالإدارة وفقاً لهذا التعريف تشمل خمسة عناصر مهمة هي:

1) التمويل.

2) رسم السياسات.

3) التنظيم.

4) توفير المعدات.

5) اختيار الأفراد.

أما العالم (تشستر برنارد) أحد علماء الإدارة البارزين فيقول : أن الإدارة هي ما يقوم به المدير من أعمال أثناء تأديته لوظيفته.

** سؤال: ماذا نعني بقولنا أن الإدارة علم؟

جواب: أي ليس هناك قواعد أو قوانين أو أسس أو نظريات علمية تحكم العمل الإداري وتسيره.

الإدارة علم وفن؟

- فن فإنها تعتمد على مهارات معينة.

- مهنة فهي عمل يقوم به الإداري وكل مهنة لها نظام معرفي.

العملية الإدارية وعناصرها:

العملية الإدارية:

هي أمر يحتاجه جميع المنشآت مهما كان نوعها أو نشاطها وهي لا تقتصر على المشاريع التجارية أو الصناعية أو الزراعية بل يمتد استخدامها إلى جميع أوجه النشاط الإنساني.

وبالخلاصة أن الإدارة: هي عملية تتألف من نشاطات ووظائف يقوم بها الإداري ويمكن اكتساب المهارة فيها وتطويرها.

تم تصنيف وظائف العمليات الإدارية:

- **التخطيط**: يعتبر من الوظائف الرئيسية للإدارة وهو يسبق الوظائف الأخرى.

▪ **التنظيم**: تبحث في تحقيق التنسيق بين القوى العاملة والموارد المتاحة بما يحقق الكفاءة.

▪ **التوجيه**: تتضمن الكيفية من تحقيق التعاون بين العاملين في المؤسسة.

▪ **الرقابة**: وهي وظيفة هامة من الوظائف التي تتألف منها العملية الإدارية، فالرقابة هـي قيـاس وتصحيح نشاط المرؤوسين للتأكد من مطابقته للخطط المرسومة.

شمولية الإدارة:

هي أن الإداري يقوم بجميع وظائف الإدارة من تخطيط وتوجيه ورقابة بغض النظر عـن المسـتوى الذي تكون عليه الوظيفة التي يقوم بها هذا الإداري.

الوظائف الإدارية:

▪ إدارة عليا: وضع البرامج والسياسات ويعمل بوظائف الإدارة جميعها بنسبة 90% وهو أكثر سلطة وأكثر مسؤولية بقمة (الهرم التنظيمي).

▪ إدارة وسطى: تمارس للوظائف الإدارية بنسبة 50% و 50% أعمال روتينية.

▪ إدارة دنيا: تعمل بوظائف الإدارة بنسبة 10% و 90% أعمال أخرى.

نتائج شمولية الإدارة:

إمكانية تطبيق قواعد ومبادئ موحدة عـلى وظـائف الإداريـين مـما يمكـن مـن قيـاس فعـاليتهم وانجازاتهم.

عمومية الإدارة:

مفهومها هو أن أي مدير ناجح يمكنه إدارة أي نشاط من نشاطات المنشأة مهما كان نشاط هذه المنشأة.

حيث قال سقراط ما معناه: " أني اقول أن مهما كان الشيء الذي يترأسه الشخص، إذا عرف ما يريد وكان قادراً على توفير ذلك فإنه يكون رئيساً جيداً سواء أكان رئيساً لفرقة موسيقية، أو لعائلة أو لمدينة أو لجيش".

تعرف المدرسة الإدارة بأنها (عملية توجيه العنصر- البشري) فمهمة المدير لا تختلف باختلاف مركزه في الهيكل الإداري للمنشأة ولا باختلاف نوعية المنشأة. ومن هؤلاء العلماء كونتز وأودونيل حيث يقولان " إن المعرفة والخبرة الإدارية يمكن أن تنتقل من إدارة لأخرى ومن منشأة لأخرى فيمكن نقل مدير مشتريات ليصبح مدير للإنتاج والقائد العسكري ليصبح مديراً لإحدى المنشآت المدنية".

مجالات الإدارة:

1) مجال تطبيق الإدارة في القطاع العام ويطلق عليها اسم الإدارة العامة Public Administration.

2) مجال تطبيق الإدارة في القطاع الخاص ويطلق عليها اسم إدارة أعمال Business Administration.

3) مجال تطبيق الإدارة في المنظمات التي لا تهدف إلى الربح مثل النوادي وإدارة الجمعيات التعاونية والخيرية والتطوعية.

الفرق بين إدارة الأعمال والإدارة العامة:

* أوجه الشبه بين إدارة الأعمال والإدارة العامة:

- كلاهما يعملان في القطاع الإداري.

- كلاهما يتحمل المسؤولية الاجتماعية والأخلاقية تجاه المجتمع.

- المشاكل التي تواجه كلاً منها متشابهة وخاصة في مجال التعامل مع العنصر البشري.

- كلاهما ملتزمان بالقوانين واللوائح التي تصدرها الدولة والقوانين تعمل على تنظيم العمل.

* أوجه الاختلاف بين إدارة الأعمال والإدارة العامة:

- اختلاف الأهداف الأساسية.

- الاختلاف في مجال التطبيق.

- من حيث إطار العمل:

أ.   تعمل الإدارة العامة ضمن إطار السياسة العامة للدولة.

ب.   تعمل المشاريع العامة وبالتالي الإدارة العامة في جو احتكاري.

ج.   يعمل الموظف في الدوائر الحكومية بصفته الرسمية وليس باسمه.

- حجم التنظيم.

- شكل التنظيم.

- الارتباط والمراقبة.

- مقاييس النجاح.

والمقارنة بين إدارة الأعمال والإدارة العامة:

وجه المقارنة	الإدارة العامة	إدارة الأعمال
الهدف	تقدم خدمة عامة ببذل ربح يعود للقطاع العام لإرضاء المواطن	تسعى إلى تحقيق ربح تعود للقطاع الخاص
الحجم	كبير	صغير
أوجه الشبه	تلتزم بالتشريعات والقوانين التي تنشئها الدولة	تلتزم بالنظام الداخلي للمنشأة
الرقابة	من المجالس النيابية والقانونية ورقابة الدولة	رقابة المالك وأيضاً تخضع لرقابة الدولة
الشكل التنظيمي	إدارة قطاع حكومي ودائري	شركات مستودعات
الاحتكار	لا يوجد تنافس احتكار	يوجد تنافس
مقياس النجاح	بخدماته	بما يجنيه من أرباح

<u>علاقة الإدارة بالعلوم الأخرى:</u>

1) علم الاجتماع.
2) علم النفس.
3) العلوم التطبيقية والرياضية.
4) علم القانون.
5) علم الأخلاق.
6) علم الاقتصاد
7) علم الحاسوب.

مدارس الإدارة:

1) المدرسة الكلاسيكية وأبرز عناصرها الإدارة العلمية والبيروقراطية.

2) المدرسة السلوكية وأبرز عناصرها مدرسة العلاقات الإنسانية.

3) المدارس الحديثة:

   أ.   مدرسة علم الإدارة.

   ب.   مدرسة النظم.

   ج.   المدرسة الظرفية.

   د.   الإدارة بالأهداف.

   ه.   الإدارة اليابانية.

هناك مهارات معينة لا بد توفرها عند المديرين حتى يتمكنوا مـن القيـاس بـأعمالهم، نلاحـظ أن العامل مع الناس (الرؤساء- المرؤوسين- الزملاء).

تطور الفكر الإداري والمدارس الإدارية:

المدرسة الكلاسيكية في الإدارة (القديمة) وتشمل:

1) الإدارة العلمية.

2) البيروقراطية.

1) الإدارة العلمية:

تطور الفكر الإداري سميت على اساس علمـي (المنشـأة والتطور في امريكا عـلى يـد الأمريكي" فردريك تايلور" والفرنسي"هنري فايول" في بداية القرن العشرين ونهاية القرن التاسع عشرـ عـلى يـد هـؤلاء المفكرين وكان اهتمام تايلور في زيادة الإنتاجية).

المرتكزات العلمية التي قامت عليها الإدارة العلمية:

1) **وجب تحقيق الكفاية الإنتاجية**

الكفاية الإنتاجية هي النسبة بين كمية الإنتاج وجودته وسرعته وبين الموارد المستخدمة للحصول عليه، أي أنها النسبة بين النتائج والتكاليف.

2) **البحث العلمي:**

وتعني اللجوء إلى الملاحظة والتجربة وخضوع العمل للبحث العلمي والمعرفي بدلاً من الاعتماد على الآراء التقليدية القديمة.

3) **القواعد والأصول.**

4) **تقسيم العمل والتخصص به.**

رواد الإدارة العلمية:

1) فردريك تايلور: من أهم كتب تايلور في موضوع الإدارة كتابه " مبادئ الإدارة العلمية" حيث لخص تايلور رأيه في واجبات المديرين قائلاً أن عليهم:

- إحلال الطرق العلمية القائمة على التجارب محل الطرق البدائية القديمة.

- الفصل بين التخطيط بين تنفيذ الخطط.

- اختيار العمال وتدريبهم حسب الأساليب العلمية ووضع الرجل المناسب في المكان المناسب.

- تعاون الإدارة مع العمال لإنجاز الأعمال.

- العدل في تقسيم المسؤوليات بين المديرين والعمال.

2) هنري فايول: هو عالم إدارة فرنسي معاصر لفردريك تايلور ولكنه عاش في فرنسا ويرفعه الكثيرون من كتاب الإدارة إلى مرتبة الأب الحقيقي للإدارة الحديثة كمنطق لدراسة طبيعية الإدارة حيث قسم فايول أنشطة المنشأة في كتابة المشهور " الإدارة العامة والصناعية " إلى ست مجموعات:

- أنشطة فنية (إنتاج).
- أنشطة تجارية (شراء ومبادلة).
- أنشطة مالية (البحث عن رأس المال والاستخدام الأمثل للأموال).
- أنشطة الضمان والوقاية (حماية الممتلكات والأشخاص).
- أنشطة محاسبية (وتتضمن الإحصاء).
- أنشطة إدارية (تخطيط، تنظيم، إصدار أوامر، التنسيق، الرقابة).

مبادئ الإدارة وعناصرها عند فايول:

هذا الاتجاه يرتكز على الاهتمام بالوظائف الإدارية وأنشطة المنظمة.

- **المبادئ الإدارية لفايول:** هي اعتقادات وأفكار لخصها في 14 مبدأ لتحسين الممارسة الإدارية:

1) تقسيم العمل.
2) السلطة المسؤولة: وهي الحق في إصدار الأوامر وإلزام الآخرين بها. ولا يمكن ان يتجزأ في العمل الإداري السلطة والمسؤولية (المحاسبة).
3) النظام: وهو احترام الاتفاقيات والنظم وعدم الإخلال بالأوامر.
4) وحدة إصدار الأوامر: أي أنه لا يجوز أن يتلقى الفرد العمل أوامر من أكثر من رئيس أو مشرف.

5) وحدة التوجيه: وتعني أنه لا يجوز ان يتلقى الفرد العمل أوامر مـن أكـثر مـن رئيس أو مشرف واحد.

سؤال: ما الفرق بين مبدأ وحدة التوجيه ومبدأ وحدة إصدار الأوامر؟

جواب: إن مبدأ وحدة التوجيه يتعلق بالتنظيم الإداري، بينما يتعلق مبدأ وحدة إصدار الأمر بالأفراد العاملين.

سؤال: ماذا يقصد بالتوازن بين السلطة والمسؤولية؟

جواب: هو أن تعطي السلطة بقدر المسؤولية.

6) خضوع المصلحة الشخصية للمصلحة العامة: وتعني أنه عندما تتعارض المصلحة الشخصية للفرد العمل مع المصلحة العامة للمنشأة يجب التوفيق بينهما على أساس خضـوع المصلحة الشخصية لمصلحة المنشأة أو للمصلحة العامة.

7) مبدأ المكافأة والتعويض: وتعني أنه يجب أن تكون مكافآت الأفراد وتعويضـاتهم وأجـورهم عادلة بحيث تستطيع تحقيق رضاهم عن العمل وأصحابه.

8) المركزية.

9) تدرج السلطة: والمقصود بها تسلسل السلطة مـن اعـلى إلى اسـفل الهـرم التنظيمـي بحيـث يكون حجم السلطة أقل كلما انخفضا في الهرم الإداري.

10) الترتيب: هو أن كل مجموعة من الأشخاص والمعدات المخصصة للقيام بعمل معين يجـب أن توضع في نفس الموقع في المنظمة من أجل تحقيق الكفاءة والتنسيق، ويقسمه فايول إلى:

أ. ترتيب مادي ويشمل ترتيب الأجهزة والمواد والمعدات.

ب. ترتيب اجتماعي ويشمل تنظيم العلاقات الإدارية بين العاملين في المنشأة.

11) المساواة في العمل: أي عدم تحيز الرؤساء في معاملتهم للمرؤوسين.

12) الاستقرار في العمل: ويعني المحافظة على استمرار العاملين ذوي الإنتاجية المنظمة لفترة طويلة.

13) المبادأة: معنى هذا المبدأ بالنسبة لفايول هو التفكير في الخطة وتنفيذها ويطالب فايول أن على رؤساء العمل تشجيع المبادأة والابتكار بين المرؤوسين.

14) التعاون: أي روح الفريق انطلاقاً من شعار "الاتحاد قوة".

15) هنري غانت: اتفق مع تايلور بالكثير من نظرياته العلمية إلا أنه اختلف معه في نظرته الإنسانية تجاه العمال.

16) فرانك وليليان جلبرت

تقسيم الإدارة العلمية:

أ) تقييم أراء تايلور: تشكل الفرضيات التي تبنى عليها تايلور ما يعرف بنظرية الرجل الاقتصادي وعناصر هذه النظرية هي (عناصر نظرية تايلور):

- الإنسان أناني في طبعه.
- الإنسان كسلان في طبعه.
- الكسب المادي حافز هام.

ب) تقييم آراء.

ج) الانتقادات الموجهة للمدرسة العلمية. ومن أهم هذه الانتقادات:

- نظرتها إلى العامل.
- إهمال النواحي الإنسانية.
- اقتصارها على مستوى العمال في المصنع الصغير.

- التنظيم الوظيفي.
- نظرتها للتنظيم غير الرسمي.

الإدارة العلمية تتركز على اختيار وتدريب العاملين والمشرفين ودعمهم بالتخطيط السليم.

2) البيروقراطية:

كلمة البيروقراطية مأخوذة من كلمة Bureau الفرنسية ومعناها مكتب. فالبيروقراطية تعني حكـم المكاتب وقد جاء بها العالم الألماني ماكس فيبر. كلمة بيروقراطية لها معنيان متغيران.

خصائص البيروقراطية:

1) عدم التحيز.
2) تقسيم الأعمال وتنميطها.
3) تدرج الوظائف في مستويات السلطة.
4) استخدام الخبراء.
5) القواعد والتعليمات.

ومن الفوائد التي تنتج عن وضع الأنظمة والقواعد والتعليمات ما يلي:

- الوحدة وعدم التباين في أداء الأعمال المتشابهة.
- عدم التحيز في المعاملة.
- تحمي المرؤوس من تعسف الرئيس.

6) التدوين الكتابي.
7) وجود نظام خدمة.
8) التفريق بين دور الموظف الرسمي وعلاقاته الشخصية.

9) السرية.

ويقول ماكس فيبر أنه إذا ما توافرت الخصائص السابقة في التنظيم تصبح المنشأة رشيدة وقد أطلق فيبر لفظ البيروقراطية على الأجهزة الحكومية بينما أطلق لفظ الإدارة على المنشآت الاقتصادية.

تقييم البيروقراطية:

يعتقد معظم الناس أن النظام البيروقراطي نظام إداري غير فعال، وهذا الاستدلال يعود إلى الممارسات الخاطئة في تطبيق الأنظمة البيروقراطية وليس إلى جوهر النظام البيروقراطي نفسه. فالخطأ ليس في النظام البيروقراطي وإنما هو عائد على من يطبقون هذا النظام، وأهم الأخطاء عند تطبيق النظام البيروقراطي ما يلي:

1) الوسائل تصبح غايات.
2) الجمود وعدم المرونة.
3) الروتين.
4) المظاهر والرموز.
5) مقاومة التغيير.
6) المرض البيروقراطي.

المدرسة السلوكية:

اهتمت هذه المدرسة بدراسة الفرد والجماعة أثناء العمل ذلك من أجل زيادة الإنتاجية. وقد كان لهذه المدرسة ثلاثة مداخل لدراسة السلوك:

1) علم النفس.
2) علم الاجتماع.
3) علم دراسة الإنسان.

حركة العلاقات الإنسانية:

ترى أن المدراء يستخدمون علاقات إنسانية جيده لغرض الوصول إلى الإنتاجية.

دراسات هوثورن: هي مجموعة من الدراسات والتجارب من شركة وسترن الكتريك فتحت المجال لتركيز على الجوانب الإنسانية والسلوكية في إنجاز العمل.

المدارس الحديثة:

وهي مجموعة متنوعة من المداخل لدراسة الإدارة نشأت مؤخراً وهي:

أ)   مدرسة علم الإدارة: هذه المدرسة توفق بين اهتمام الإدارة العلمية بالإنتاج وكفاءة الأفراد والآلات وعملية التخطيط (تعتبر الكفاءة إنجازاً يتبع التخطيط السليم). هذه المدرسة تطبق:

- التحليل العلمي على المشاكل الإدارية.
- تحسين قدرة المدراء على اتخاذ القرارات.
- إعطاء أهمية كبيرة بمعيار الفاعلية.
- استخدام الحاسبات الإلكترونية في الإدارة.

ب)   الإدارة بالأهداف: وتنسب للعالم النمساوي (بتيردركير) وتقدم هذه الفرضية على المشاركة في وضع الأهداف من حيث تعمل الإدارة على اشراك جميع العاملين في العملية الإدارية ومن ثم تحديد الأهداف وصنع القرارات وتحديد النتائج المتوقعة.

الفصل الثاني
الرقابة الإدارية

الرقابة الإدارية

تعريف الرقابة الإدارية:

وظيفة من وظائف الإدارة تعنى بقياس وتصحيح أداء المسؤوسين لغرض التأكد من أن الأهداف والخطط الموضوعة قد تم تحقيقها فهي وظيفة تمكن القائد من التأكد من ان ما تم مطابق لما خطط له.

يعرفها هنري فايول: (تنطوي الرقابة على التحقق إذا كان كل شيء يحدث طبقاً للخطة الموضوعة والتعليمات الصادرة، وأن غرضها هو الإشارة إلى نقاط الضعف والأخطاء يقصد معالجتها ومنع تكرار حدوثها وهي تنطبق على كل الضعف والأخطاء يقصد معالجتها ومنع تكرار حدوثها وهي تنطبق على كل شيء معدات أفراد أفعال.

أهداف الرقابة الإدارية:

1) حماية الصالح العام: وهي محور الرقابة، وذلك بمراقبة النشاطات، وسير العمل وفق خططه وبرامجه في شكل تكاملي يحدد الأهداف المرجوة، والكشف عن الانحرافات والمخالفات وتحديد المسؤولية الإدارية.

2) توجيه القيادة الإدارية أو السلطة المسؤولة إلى التدخل السريع، لحماية الصالح العام، واتخاذ ما يلزم من قرارات مناسبة لتصحيح الأخطاء من أجل تحقيق الأهداف.

3) ما يحتمل أن تكشف عن عملية الرقابة من عناصر وظيفية أسهمت في منع الانحراف، أو تقليل الأخطاء.

أهمية الرقابة الإدارية:

تنبع أهمية الرقابة من كونها أحد الأركان الأساسية في الإدارة العلمية الحديثة، كما أنها الذراع الرئيسي للإدارة المتطورة للنهوض المنشآت لتتمشى مع التطوير والتحديث تحقيقاً لمستويات عالية من الكفاءة والفاعلية.

ولقد نمت أهمية الرقابة نتيجة التوسع في أنشطة القطاع الحكومي، وتعدد مهامه، وضخامة الأموال المستثمرة في مشروعاته وبرامجه، وذلك كله لتقليل فرص الغش والاختلاس، وحماية الأصول والأموال العامة وضمان سلامة استخدامها، وتوفير المعلومات والبيانات التي تحتاجها الإدارة بصفة دورية، بما يساعدها في إتخاذ القرارات والتخطيط وتقويم الأداء تحقيقاً لأهدافها بأقصى كفاءة وفاعلية، وترتبط عملية التنمية ارتباطاً وثيقاً بالرقابة المالية والإدارية باعتبار أن التنمية هي عملية الاستخدام الأمثل للموارد المتاحة ضمن تخطيط سليم من ناحية، كما أن نجاح عملية التنمية يرتبط بشكل رئيسي- بالقضاء على مظاهر الفساد وتحقيق الإصلاح المالي والإداري وحسن استخدام المواد المتاحة وتطوير السياسات الإدارية وكفاءة الأفراد وهي أهداف تسعى الرقابة إلى تحقيقها.

وإذا كانت الرقابة في معناها الواسع تعني التحقق من أن التنفيذ يتم وفقاً للتخطيط، لذلك فإنه من خلالها يمكن تطوير الخطط التنموية بمقارنته بالتنفيذ الفعلي والوقوف على انحرافات التنفيذ عن المخطط ومداها.

كما أن عملية اتخاذ القرارات التنموية تنطوي على عملية مفاضلة بين عدة بدائل لاختيار أفضلها، وهي بذلك تحتاج إلى معلومات وبيانات صحيحة لاتخاذ مثل هذا القرار تعمل الرقابة على توفيرها. من هنا نشأ الإرتباط الوثيق بين الرقابة باعتبارها الضابط

الرئيسي لتوفير بيانات ومعلومات صحيحة وموثوق بها بدرجة معقولة، وبين عملية اتخاذ القرارات التنموية المستخدمة لهذه البيانات والمعلومات للوصول إلى قرارات فاعلة تحقق الأهداف التنموية المخططة.

عناصر الرقابة:

- أولاً: تحديد الأهداف ووضع المعايير.
- ثانياً: مقارنة النتائج المتحققة مع المعايير المرسومة.
- ثالثاً: قياس الفروق والتعرف على اسبابها.
- رابعاً: تصحيح الإنحرافات ومتابعة سير التنفيذ، وهكذا، وبمراجعة الأداء وقياس النتائج، ومقارنتها مع الإنجاز المخطط والتحقق من بلوغ الأهداف وصولاً إلى التنفيذ المنتظم تكتمل عناصر العملية الرقابية. وتكون قد حققت الأهداف التي تسعى إليها.

أساسيات الرقابة:

لكي تتم الرقابة على اساس سليم. ولكي يتم الأداء والإنجاز على النحو الذي تحدده الأهداف والمعايير الموضوعة ولأجل أن تكون الرقابة أكثر فاعلية، فلا بد من الاسترشاد ببعض المبادئ.

- أولاً: اتفاق النظام الرقابي المقترح مع حجم وطبيعة النشاط الذي تتم الرقابة عليه.
- ثانياً: تحقيق الأهداف على مستوى عالٍ من الفاعلية والكفاية والعلاقات الإنسانية السليمة.
- ثالثاً: الموضوعية في اختيار المعايير الرقابية.

- رابعاً: الوضوح وسهولة الفهم.
- خامساً: إمكانية تصحيح الخطاء والانحرافات.
- سادساً: توافر القدرات والمعارف الإدارية والفنية للقائمين على أجهزة والرقابة.
- سابعاً: وضوح المسؤوليات وتحديد الواجبات.
- ثامناً: الاقتصاد والمرونة.
- تاسعاً: استمرارية الرقابة.
- عاشراً: دقة النتائج ووضوحها.

وسائل الرقابة:

- أولاً: الموازنة التقديرية.
- ثانياً: البيانات الإحصائية والرسوم البيانية.
- ثالثاً: السجلات.
- رابعاً: الملاحظة الشخصية.

خصائص نظام الرقابة الفعال:

يعتمد نظام الرقابة الفعال على متطلبات اساسية لتحقيق الرقابة وهي:

1) سلامة معايير الأداء: يقوم النظام الرقابي، أن يعكس النظام الرقابي طبيعة النشاط على معايير أداء سليمة وأكثر فعالية في القياس ويجب أن تكون واضحة ودقيقة وأن يكون مقبولاً من العاملين، أن يعمل النظام على سرعة الإبلاغ عن الأخطاء شاملة أن يكون النظام الرقابي مرناً.

2) المتابعة الإدارية: تعتبر المتابعة الإدارية إحدى العمليات الأساسية في الرقابة حيث أنها وظيفة تعكس كفاءة الإدارة في كيفية استخدام الموارد المتاحة لها بكفاءة وفعالية وتعني المتابعة ملاحقة التنفيذ وتحديد درجة النجاح أو الفشل أولاً بأول والتنبؤ باحتمالات الإنحراف عن الخطة المحدودة والعمل على تلافيها قبل حدوثها.

أهداف المتابعة: تهدف المتابعة إلى التعرف على:

- مدى توافق التنفيذ مع ما هو مقيد في الخطة.
- الإنجازات المرحلية ومدى توافقها مع البرنامج الزمني.
- التعرف على الحلول لما ينشأ من مشكلات أثناء التنفيذ.
- متابعة القائمين على التنفيذ ومعرفة كفاءتهم.

أنواع المتابعة:

يمكن تقسيم المتابعة من حيث الوقت إلى:

1) متابعة سابقة: وتتم فحص ومتابعة الدراسات اللازمة للكشف عن أسباب الانحرافات و العمل على تلافيها قبل التنفيذ، متابعة لاحقة، وتتم أثناء وبعد انتهاء أداء الأعمال فهي تهدف إلى تحديد ما تم فعلاً من أخطاء واتخاذ الإجراءات اللازمة لتصحيحها. كما يمكن تقسيم المتابعة من حيث الجهة إلى:

- متابعة داخلية: وتتم بواسطة المتخصصين داخل نطاق الوحدة الإدارية.
- متابعة خارجية: تتم بواسطة الأجهزة الرقابية الخارجية، أساليب وإجراءات متابعة العمل.

أساليب وإجراءات متابعة العمل يعتمد على استخدام أكثر من أسلوب المتابعة الميداني ويتم عن أسلوب لمتابعة الأعمال في الوحدة الإدارية. طريق الزيارات الميدانية لمواقع التنفيذ مباشرة والوقوف على سير العمل والتعرف على الأسلوب المكتبي وتتم عن طريق استمارات متابعة، حيث أن الصعوبات ومعالجتها تشمل على الصورة الكاملة للموضوع المراد متابعته بعدها يليها عمل تقرير المتابعة المبدئي ثم عمل تقرير المتابعة النهائي.

خطوات الرقابة الإدارية:

تتضمن الرقابة ثلاث خطوات أساسية هي:

1) **تحديد المعايير:** هي المقاييس الموضوعة التي تستخدم لقياس النتائج الفعلية أي أنها الوسيلة التي يتم بمقتضاها مقارنة شيء بشيء آخر، وقد تكون هذه المعايير مادية فهي تعتبر بمثابة نقاط أو أوجه قياس معينة يتم اختيارها للدلالة على إنجاز البرنامج أو الخطة المعنية بحيث أن قياس الأداء عن طريقها يعطي للقائد صورة محددة عن مدى سير العمل وتختلف معايير الأداء باختلاف المستويات التنظيمية وتتمثل هذه المعايير فيما يلي:

- كمية العمل المطلوب إنجازه.
- مستواه النوعي.
- الزمن اللازم لأدائه.

2) **قياس الأداء:** قياس الأداء الفعلي ومقارنته بالمعايير السابق وضعها ففي الواقع تظهر كثير من الاختلافات والاختلالات في تنفيذ المهام كما كان مخططاً لها

3) في مستوى الأداء للأفراد أو الإدارات المختلفة فيقصد بـذلك مقارنـة النتـائج المحققة بالمعـدلات الموضوعة سلفاً فهو تقييم الإنجاز الذي يتم عن طريق وسائل متنوعة منها التقارير الإدارية والشكاوى والتفتيش.

3) تصحيح الإنحرافات عن المعايير والخطط:

ويقصد بذلك الأخطاء و الانحرافات التي تسفر عنها قياس الأعمال السـابقة، فإن عمليـة مقارنة أداء المخطط تمكن من رصد الإنحرافات وبالتالي محاولـة تصحيحها وقيـام المـدراء باتخـاذ إجراءات لعـلاج الانحرافات فهذه العمليـة هي الخطوة تلتقي فيها الرقابة بباقي الوظائف الإداريـة الأخرى، فعـن طريـق العملية الرقابية يمكن للقائد أن يغير الخطط أو إعادة توضيح وتعريف الأفراد بالمهام و الواجبات المخولة لهم فلا يجب النظر للرقابة على أنها عمليـة مسـتقلة ومنفصـلة عـن بـاقي الوظـائف الأخرى (التخطيط، التنظيم، التوجيه).

أنواع الرقابة الإدارية:

أولاً: الرقابة حسب المعايير وتتضمن رقابة على أساس الإجراءات ورقابة على أساس النتائج.

1) الرقابة على أساس الإجراءات: تقوم الرقابة على اساس القواعـد والإجراءات بقيـاس التصرفات التـي تصدر عن المنظمات والإجراءات، ويركز هذا النوع من الرقابة على التصرفات التي تصدر من وحدات الإدارة العامة ومن العاملين فيها، وليس على ما تحققه هذه التصرفات من نتائج نهائية.

2) الرقابة على أساس النتائج: تقوم الرقابة عـلى أسـاس النتـائج بقيـاس النتـائج النهائيـة التـي تحققهـا المنظمات العامة، وفق معايير يمكن قياسها موضوعياً، فهذا النوع من

الرقابة لا يتابع ويقوم التصرفات والنشاطات التي تقوم بها المنظمات العامة، وإنما يرتكز فقط على النتائج التي تحققها هذه المنظمات.

ثانياً: الرقابة حسب موقعها من الأداء:

1) الرقابة السابقة: وتسمى بالرقابة المانعة أو الوقائية، وتهدف إلى ضمان حسم الأداء أو التأكد من الإلتزام بنصوص القوانين والتعليمات في إصدار القرارات أو تنفيذ الإجراءات، كما تهدف إلى ترشيد القرارات وتنفيذها بصورة سليمة وفعالة.

2) الرقابة اللاحقة: وتسمى الرقابة البعدية أو الرقابة المستندية، وفي هذا النوع من الرقابة لا يتم تقويم تصرفات وقرارات وإجراءات وحدات الإدارة العامة إلا بعد حدوث التصرفات فعلاً. إن تقويم الأداء بعد أن يكون هذا الأداء قد وقع بالفعل يجعل الرقابة اللاحقة ذات طابع تقويمي أو تصحيحي.

ثالثاً: الرقابة وفقاً لمصادرها:

1) الرقابة الداخلية: يقصد بالرقابة الداخلية أنواع الرقابة التي تمارسها كل منظمة بنفسها على أوجه النشاطات والعمليات التي تؤديها والتي تمتد خلال مستويات التنظيم المختلفة.

2) الرقابة الخارجية: يعتبر الرقابة الخارجية عملاً متمماً للرقابة الداخلية. ذلك لأنه إذا كانت الرقابة الداخلية على درجة عالية من الإتقان بما يكفل حسن الأداء، فإنه ليس ثمة داع عندئذ إلى رقابة أخرى خارجية. لذلك فإن الرقابة الخارجية في العادة تكون شاملة أي غير تفصيلية كما انها تمارس بواسطة أجهزة مستقلة متخصصة، ما يكفل الاطمئنان إلى أن الجهاز الإداري للمنظمة أو المنشأة لا يخالف القواعد والإجراءات.

وعادة ما يتبع أجهزة الرقابة الإدارة العليا، وهذا يعطيها مكانة مرموقة وقوة دفع عالية واستقلالاً يمكنها من حرية العمل وبعدها عن تدخل الأجهزة التنفيذية في أعمالها أو محاولة التأثير في اتجاهاتها.

معوقات نجاح النظم الرقابية. تعاني النظم الرقابية من مقاومة العاملين بها، ويرجع ذلك إلى عوامل كثيرة من أهمها:

أ‌) الرقابة الزائدة: يقبل العاملون عادة درجة معينة من الرقابة، إذا زادت عنها تؤدي إلى رفضهم لها.

ب‌) التركيز في غير محله: تركز بعض النظم الرقابية في أحيان كثيرة على نقاط معينة لا تتفق مع وجهة نظر العاملين حيث تعكس من وجهة نظرهم رؤية محدودة جداً مما قد يثير العاملين ضد هذه الرقابة.

ج‌) عدم التوازن بين المسؤوليات والصلاحيات: يشعر العاملون أحياناً بأن المسؤولية الواقعة عليهم تفوق ما هو ممنوح لهم من صلاحيات وفي نفس الوقت قد يتطلب النظام الرقابي الرقابة اللصيقة والمراجعة التفصيلية لكل جزئيات العمل، مما يرتبط سلبياً بقبول العاملين والتجاوب مع النظم الرقابية.

د‌) عدم التوازن بين العائد والتكاليف: قد يكون عدم كفاية العائد أو المكافآت التي يحصل عليها العاملون من أسباب مقاومة هؤلاء للنظم الرقابية.

ه‌) عدم الحيادية: قد يؤدي عدم تصميم النظم الرقابية بشكل محايد إلى عدم قبول العاملين لهذه النظم.

أشكال وصور الرقابة الإدارية:

يوجد عدة أشكال وصور للرقابة الإدارية منها:

أولاً: الرقابة الولائية

تنهض هذه الرقابة نتيجة طلب يتقدم به أحد الأفراد إلى السلطة أو الجهة الإدارية التي أصدرت القرار طالباً منها إعادة النظر فيه بسحبه أو إلغائه أو تعديله.

ثانياً: الرقابة الرئاسية

في هذه الصورة من الرقابة يتقدم أحد الأفراد إلى الجهة التي أصدرت القرار وإنما على السلطة الرئاسية لها، أي إلى رئيس الموظف الذي اصدر القرار أو رئاسة الهيئة أو الجهة التي صدر عنها القرار، طالباً منها أن تستعمل سلطتها الرئاسية هذه بإلغاء القرار أو تعديله أو سحبه. والأساس الذي تقوم عليه هذه الرقابة هو ان السلطات الإدارية في كل دولة متدرجة والسلطات العليا هي التي ترسم الاتجاهات والقواعد التي يجب السير على هداها تاركة للموظفين التابعين تنفيذها. ويتولى الرئيس الإطلاع على ما يصدر عنها، وله صلاحية إلغاء أو تعديل ما تراه مخالف للقانون أو غير ملائم. وبناء على ما تقدم يستثنى من الرقابة الإدارية قرارات من كان في القمة من سلم التدرج الرئاسي، كالوزراء.

ثالثاً: الرقابة بواسطة لجنة إدارية

بموجب هذه الرقابة يعهد إلى لجنة مشكلة خصيصاً لهذا الغرض برقابة أعمال الإدارة وتعديل أو إلغاء ما يكون منها مخالف للقانون أو غير ملائم. أما تأليف اللجنة فيكون من عدد معين من الموظفين يتصفون بقدر كافي من الدراية والخبرة التي بها يتمكنون من الفصل فيما يعرض من تظلمات وتحقق هذه الطريقة للأفراد بعض

الضمانات التي لا تتوافر في الطريقتين السابقتين وربما في هذه الطريقة بعد إجراء بعض التعديل عليها أهمية في معالجة الفساد الإداري.

وتعد هذه الطريقة حلقة الاتصال بين نظام الإدارة القاضية ونظام المحاكم بمعناها الفني، وتقوم اللجنة الإدارية التي قدم لها التظلم بفحصه والتصرف على ضوء ما يكتشف عن ذلك الفحص وعلى أساس ما تقتنع به، وفي سبيل قيام الإدارة بهذه المهمة قد تقوم على تعديل تصرفها حتى تتفادى ما به خطأ وقد تجد الإدارة سبيل تصحيح تصرفها لا يكون إلا بإلغائه أو سعيه وقد تتخذ بعد ذلك تصرفاً جديداً يحل محل التصرف الملغي أو المسحوب.

وكما ذكرنا سابقاً أن مباشرة الإدارة لهذا النوع من الرقابة (سواء من تلقاء نفسها أو بناء على تظلم) إنما يهدف في الواقع إلى تحقيق مصلحة الإدارة نفسها. فإن من شأن حرص الإدارة على سلامة تصرفاتها انتظام سير المرافق العامة بصورة تؤدي على تمكنها من تحقيق النفع العام وهو الهدف الأساس للنشاط الإداري كما أن الرقابة الذاتية التي تزاولها الإدارة على نفسها تهدف أيضاً إلى احترام مبدأ (المشروعية) وهذا يؤدي بذاته إلى ضمان تنفيذ القوانين أو القرارات التنظيمية والتزام بدقة بالحدود المطلوبة لتنفيذها.

وأخيراً نقول، أما في ما يتعلق بالرقابة الإدارية في (النظام اللامركزي الإداري) أنها تتخذ أيضاً صورتين هما:

أ)   الرقابة الإدارية على الهيئات اللامركزية الإدارية.

ب)   الرقابة على أعمال الهيئات اللامركزية الإدارية.

تنمية الرقابة الذاتية:

في مجتمع اختلط الحابل بالنابل أو ذابت كثير من القيم والمبادئ، ووجهت العقول بتوجيهات ربما لا تؤمن بمسلماتنا العقدية، وربما تؤمن بها ولكن تراها لا تناسب هذا العصر، أو لا يمكن العمل بها في عصر الانترنت والفضائيات، ويرى بعضهم أنه للناشئ أن ينطلق ويكون بصيراً على نفسه ويختار الوجهة التي يريدها دون أن يكون ثم اعتبار لتنشئته أو إعداده إعداداً يجعله قادراً على مواجهة سلبيات امتزاج الحضارات بخلفياتها العقدية والاجتماعية.

ويرى البعض الآخر أن الحل في عزله الناشئ - إلى حد كبير - عن المجتمعات المنفتحة، خشية تأثيره بسلبياتها أو ذوبانه في أفكارها.

ولعل الأول يخسر كثيراً إذ يصبح بلا هوية ولا شخصية، بل هو مسخ غير سوي. أما الآخر فمهما ترك الناس فلن يتركوه، ومهما حاول الابتعاد بنشئه فلا بد أن يكون لتلك القنوات تأثير عليه بطريق غير مباشر.

فلا بد أن يكون لنا وقفة جادة لدراسة حال الشباب غير المحصن وغير المهيأ تهيئة تجعله قادراً على مواجهة ركام الحضارات المختلفة والمخالفة لمبادئه ومعتقده.

إن سن التكليف هو المرحلة التي يمكن أن يحاسب عليها الفرد ويؤخذ على تقصيره أو خطئه. وهذه المرحلة التي حددها المنهج الإسلامي بالبلوغ حددها علماء النفس غير المسلمين ايضاً. كما اكد ذلك (بياجيه) و (كولبرج) في نظريتهما، فالفرد في هذه المرحلة ينطلق من ذاته وقناعته، ويفعل ما يراه صحيحاً دون التعويل على القيود النظامية، ودون التقيد بآراء الآخرين، فهو يسلك وفقاً لمعاييره الذاتية ويشعر بتأنيب الضمير واحتقار الذات عند مخالفتها.

وإذا دققت النظر أيقنت أن الناشئة يتفاوتون في الرقابة الذاتية في احترامهم للمبادئ والأخلاق، بل وفي تطبيقهم وقناعاتهم بالعقائد والعبادات.

فما هو السر في اختلافهم هذا؟

إن تعرضهم لأسباب وجود الرقابة الذاتية وتقويتها منذ الصغر هو المسؤول عن قوة دفاعهم عن مبادئهم وأخلاقياتهم. فضلاً عن تمسكهم بها وانقيادهم لها بقناعة.

وقد اجملت عدة أسباب لتنمية الرقابة الذاتية مستقية هذه الأسباب من الهدى النبوي، لأن رسولنا-صلى الله عليه وسلم – هو المربي الأول.

أولاً: ربط الناشئ بالله

ليكن أول شيء تعلمينه للناشئ تعريفه بخالقه وربه بأسهل عبارة وأيسر صورة، فإن رسول الله – صلى الله عليه وسلم- حين سأل الجارية "أين الله" واشارت إلى السماء قال: "اعتقها فإنها مؤمنة".

فأول شيء يتبغي أن يربى عليه الناشئ معرفة الله بآياته ومخلوقاته ورزقه ومعافاته، وذلك عن طريق الحوار المبسط: (مثال: من أعطاك هذا).

فارتباط الناشئ وهو في سن الوعي والتميز بروابط اعتقادية، وروحية، فكرية، إلى أن يتدرج يافعاً، إلى أن يترعرع شاباً. إلى أن يصبح رجلاً، إلى أن ينحدر كهلاً، فإنه بلا شك سيصبح عنده مناعة الإيمان وبرد اليقين وحصانة التقوى. مما يجعله يستعلي على الجاهلية بكل تصوراتها واعتقاداتها.

لأنك إذا عمقت في ولدك حقيقة الإيمان ورسخت غي قلبه العقيدة الإلهية، فإنه ينشأ على المراقبة لله والخشية منه والتسليم لذلك.

وسيكون عنده من حساسية الإيمان وإرهاف الضمير ما يكفه عن المفاسد الاجتماعية والوساوس النفسية والمساوئ الخلقية ويكتمل عقلياً وسلوكياً.

ثانياً: ربط الولد بالقرآن:

مع ما يردده البعض من ان القرآن يسهل على الصغير فهمه، وأن تحفيظه ما هو إلا نوع من الببغاوية.

إلا أن هذا الرأي يشهد لضعفه الواقع ويخالف الحقيقة الشرعية؛ إذ يقول تعالى: {ولقد يسرنا القرآن للذكر فهل من مذكر } (القمر: 17)

وليس أسهل من القرآن في الحفظ ولا أبلغ في النفوس ولا أوقع أثراً. ولذا فإن أسلافنا الصالحين ينصحون به ويشيرون إلى تعليم أولادهم القرآن الكريم وتحفيظهم أياه حتى تتقوم به السنتهم وتسمو أرواحهم وتخشع به قلوبهم ويترسخ الإيمان في نفوسهم.

وقد لاحظت أثر القرآن في نفوس الناشئات عليه حتى ظهر ذلك في سلوكهم مع الوالدين والمعلمات والصديقات. بل وجدتهن أكثر استقراراً نفسياً وأحسن إيجابية من غيرهن، كما يحسن ربط الناشئ في أول تمييزه بالمسجد إذا كان ذكراً، ليتعلم حسن الصمت ويجد الصحبة الصالحة والقدوة الحسنة.

ثالثاً: تعميق الإيمان بصفات الله تعالى

يزداد جانب المراقبة لله سبحانه وتعالى باستشعاره أن الله سبحانه وتعالى يسمعنا ويرانا ويعلم سرنا ونجوانا ويعمل خائنه الأعين وما تخفي الصدور.

وبإشعار الناشئ أن الله لا تخفى عليه خافية في الأرض ولا في السماء، وأنه محيط بالأشياء كلها؛ لأنها تحت قدرته، لا يمكن لشيء منها الخروج عن إرادته.

ويمكن باستخدام الأدلة البديهية الفطرية للإقناع، مثل الاستدلال على وجود شيء غير مرئي بوجود دلائل مرئية أو حسية عليه، ومثل أن إعادة الشيء أسهل من إيجاده لأول مره، ودلالة الصنعة على الصانع والأثر على المؤثر.

ويمكن استخدام الحقائق والمكتشفات العلمية الحديثة للإقناع وإيجاد الكتب التي تكشف عن حقائق علمية أوحيت إلى رسولنا- صلى الله عليه وسلم- قبل أربعة عشر قرناً ما كان للإنسان أن يكتشفها وما كان للعلم أن يكشفها قبل هذه العصور، مثل كتاب (العلم يدعو للإيمان) الذي ألفه (كريس موريسون) رئيس أكاديمية العلوم.

إذن المبدأ التربوي الذي نستخلصه: إذا أردنا أن نربي الإيمان القوة يجب أن تكون التربية اولاً بالعلم والتبصير بالأدلة العلمية، لا مجرد التلقينات فحسب.

- ولله في كل تحريكه.

- وتسكينه أبدا شاهد.

- وفي كل شيء له آية

- تدل على أنه واحد

ولو لم يكن شاهد على خلق الله ووجوده إلا هذا الإنسان بعجائب تركيبته { وفي أنفسكم أفلا تبصرون} (الذاريات: 21)

رابعاً: تكوين عاطفة إيمانية قوية دافعة إلى السلوك

من أهم هذه العواطف في هذا الميدان: عاطفة الحب وعاطفة الخوف إذ أنهما من اكبر الدوافع والحوافز التي يمكن استخدامها في عمل الخيرات وتنفيذ المأمورات وترك الشرور والمنهيات، يقول الدكتور (الكسيس كارل) عن اثر هاتين العاطفتين في السلوك:

{ وليس سوى عاطفتين قادرتين على البناء، هما عاطفة الحب وعاطفة الخوف، فالحب وحده هو الذي يملك القدرة على نسف الأسوار التي تتحصن أرثتنا من خلفها، وفي وسعه أن يلهب فينا الحماس ويجعلنا نسير مبتهجين في طريق التضحية الأليم؛ لأن التضحية أمر لا بد منه للسمو بالحياة، فحب الصغير لأمه هو الذي يدفعه إلى حب الاستقامة تبعاً لأمرها، والمؤمن بدينه يخضع لأشق النظم الخلقية من اجل حبه لربه}.

ولكن كيف نستطيع تكوين عاطفة الحب عند الأطفال:

هناك وسائل، منها:

1) بيان حاجة الطفل الدائمة إلى الله، على أساس أن الأمور والأرزاق بيده تعالى، ويضع نصب عينيه قوله تعالى في الحديث القدسي: " يا عبادي كلكم ضالٌ إلا من هديته فاستهدوني أهدكم..".

وهذا يؤصل الالتجاء إلى الله وقت الشدة خاصة.

ولهذا فهو يخاف سطوته ويخاف عقابه وسخطه، بحيث يدعوه في وقت حاجته فلا يستجيب له، وهكذا يجمع في قلبه حب الله ورجاءه وخوفه { أنهم كانوا يسارعون في الخيرات ويدعوننا رغبا ورهبا} الأنبياء: 90

2) من أعظم أساليب التربية وأعمقها في النفوس: الجمع بين الترغيب والترهيب { نبئ عبادي أني أنا الغفور الرحيم وأن عذابي هو العذاب الأليم} (الحجر: 49-50)

ولذلك لما شب بين الناشئة، بل والرجال، على الجمع بين هذين الأمرين، تكونت لديهم رقابة ذاتية لأنفسهم، ومهما خلو بأنفسهم فإنهم لا يرونها خالية.

خامساً: غرس حب النبي -صلى الله عليه واله وسلم- في نفس الناشئ:

ففي شمائل الرسول - صلى الله عليه وسلم- وجوانب سيرته صور دقيقة تدل على مزيد حرص الرسول على التحبب للناس، ومنها أنه "كان يمر بالصبيان فيسلم عليهم، ويلاطفهم ويمازحهم وكذلك كان مع اصحابه كان إذا لقيه أحد من اصحابه فقام معه فلم ينصرف حتى يكون الرجل هو الذي ينصرف عنه وإذا لقيه أحد من أصحابه فتناول يده ناوله أياها فلم ينزع يده منها حتى يكون الرجل هو الذي ينزع يده". وعلم من تحببه إلى ضعاف الناس أنه كانت تستوقفه الجارية في الطريق وتحدثه فما ينصرف حتى تكون هي التي تتصرف.

"وكان لا يقول لشيء لا، فإذا سئل فأراد أن يفعل قال: نعم، وإن لم يرد أن يفعل سكت"

الفصل الثالث

أدوات الرقابة الإدارية

أدوات الرقابة الإدارية

أدوات الرقابة الإدارية العامة:

1) التقارير الرقابية: أن اتخاذ الإجراء التصحيحي لأي منظمة تكمن في اتخاذها بشكل صحيح، وأن تكون المعلومات أساسية، وأن يحافظ كاتب التقرير على أهمية ذلك في دورة المعلومات من تخطيط ورقابة وإشراف عليها.

وعادتاً ترسل التقارير الرقابية إلى الشخص المسؤول في التنظيم عن اتخاذ الإجراء التصحيحي، وتزود المدير الأعلى بالمعلومات ثم إلى رئيس العمال ومدير المصنع يكفيه قوائم ملخصة تظهر مستوى الأداء الفعلي في المصنع، وهذا الأرقام تكتب بالأرقام وبشكل نسبة مئوية لكل قسم من أقسام المصنع.

مواصفات التقارير الرقابية الجيدة:

- أن تكشف القوائم الموجزة على الانحرافات السلبية في العمل.
- يجب أن يحوي التقرير الرقابي على الاستثناء وبيان أهميته.
- إيضاح اتجاه ونطاق الانحراف وتأثيره على المستقبل.

2) الملاحظة: تعتبر الملاحظة وسيلة رقابية للحصول على معلومات رقابية ملائمة لجميع المجالات الرئيسية وعلى جميع المستويات من مدراء ورؤساء وموظفين ومشرفين.

ومن فوائدها إعطاء الإنطباع الجيد الشخصي التي ترسم في أذهانهم عن مستقبل أعمالهم، قيام الكثير من مدراء الشركات ورؤساء الأقسام بزيارات متكررة لمختلف المرافق التابعة لشركائهم.

وعلى الرغم من هذه الفوائد توجد سلبيات منها:

- يتعرض المدير لكثير من الانتقادات وسوء التفسير من جانب الأفراد لبعض الجولات والزيارات.

- تحتاج الملاحظة الشخصية كأداة رقابية إلى وقت للحصول على المعلومات.

- في أغلب الأحيان تساعد الملاحظة على نقل معلومات غير دقيقة عن زملائهم.

3) المراجعة والتدقيق: يقصد بالتدقيق أداة رقابية مهمة وموضوعية لتقييم البيانات المدونة في السجلات المالية للمنظمة.

أنواع التدقيق:

1) **التدقيق الداخلي:** والتي تقوم مجموعة متخصصة من موظفي الشركة بفحص السجلات المالية والإدارية وتقييم الكفاءة الكلية على مستوى الشركة، وإفساح المجال لمعرفة ما إذا كانت الإجراءات ملائمة لبلوغ الأهداف.

2) **التدقيق الخارجي:** والتي تعتبر مكملة لعملية الرقابة، والتأكد من دقة المعلومات المدونة في السجلات المالية للشركة، وعمل رقابة غير مباشرة بطبيعته.

إن تقييم الأداء العام لإدارة الشركة من الأمور المهمة التي تساعد على الحكم على كفاءة المدراء، وهنالك نقاط مهمة في تقييم الأداء منها:

- حملة الأسهم.

- التحليلات الإدارية.

- المبيعات.

- الإيرادات.
- الوظيفة الاقتصادية.
- البحث والتطوير.
- تقييم المدير.
- الهيكل التنظيمي.
- كفاءة الإنتاج.

يمكن استخدام مؤشرات في المراجعة من خلال الشخص المختص بإعدادها بشكل قائمة تضم عدداً من المؤهلات والمؤشرات المرغوب قياسها، وكل مؤشر إعطاءه قيمة يستحقها، وتركز أغلب الشركات في التقييم على:

- النظر في وقف الزيادة السنوية لمخصصات الإعلان.
- العمل بكل السبل الكفيلة لتحسين سمعة الشركة في السوق.
- العمل على رفع مستوى الاحتفاظ بالعملاء.

مقارنة النسب المالية:

هنالك طرق لمقارنة للنسب المالية تشمل:

1) مقارنة النسب المالية للشركة مع شركة أخرى مماثلة لها في الحجم والنشاط وذلك لمعرفة أيهما أقوى من الآخر لأي شركة.

2) تحليل الإتجاه العام وذلك لتحديد مدى التقدم أو التراجع في أي من نشاطات الشركة خلال فترة زمنية محددة.

3) مقارنة نتائج حساب النسب للشركة مع متوسط النسب المالية للشركات الأخرى العاملة في نفس المجال.

احتساب نسب ربحية المبيعات:

1) نسبة هامش الربح الإجمالي = $\dfrac{\text{الربح الإجمالي}}{\text{المبيعات}} \times 100\,\%$

في حالة قسمة الربح الإجمالي على المبيعات تؤدي هذه إلى معرفة مقدرة كـل دينار مبيعات عـلى تحقيق أرباح إجمالية، وتساعد في معرفة مدى كفاءة الشركة وقدرة إدارتها على تحقيق أرباح إجماليـة مـن المبيعات.

مثال:

يمكن إجمالي مبيعات الشركة العربية للقطن بقيمة 70000 دينار، وتحصل على ربح إجمالي 150000 دينار، فإن نسبة هامش الربح الإجمالي = $\dfrac{150000}{70000} = 142{,}8$ دينار

2) نسبة هامش الربح الصافي = $\dfrac{\text{صافي الربح بعد دفع الضرائب}}{\text{المبيعات}} \times 100\,\%$

تعكس هذه النسبة كفاءة الإدارة في استغلال موارد الشركة وتحقيق الأرباح، وتساعد في الحكم عـلى مدى كفاءة العاملين وقدرتهم على مواجهة لصعوبات التي تواجههم.

مثال:

كانت مبيعات الشركة المذكورة أعلاه 50000 دينار، وصافي ربحها بعد دفع المصاريف والضرائب كانت 80000 دينار ، يمكن معرفة نسبة هامش الربح الصافي = $\dfrac{80000}{50000} = 160$ دينار

3) نقطة التعادل = $\dfrac{\text{التكاليف الثابتة}}{\text{نسبة الربح}}$

تمثل نقطة التعادل عن طريق محور رأسي يمثل الإيرادات والنفقات، ومحور العامودي ويمثل خط إيرادات البيع في شكل نقطة التعادل وإيضاح الإيراد المتوقع عند كل مستوى من مستويات البيع.

ويمكن إيضاح نقطة التعادل بواسطة الرسم البياني كما يلي:

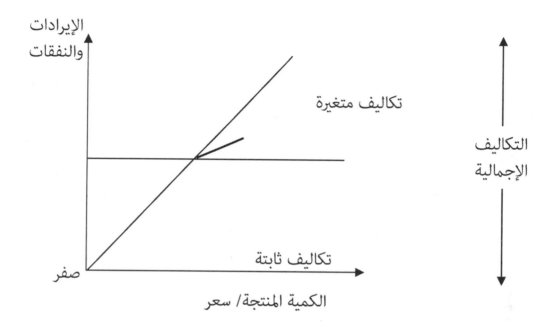

هنا مهمة الرقابة تكمل في الرقابة على التكاليف وإعدادها بحيث تفيد في المراقبة الكلية، من خلال إظهار التكاليف الثابتة والمتغيرة للشركة ككل.

ونقطة التعادل يوضح تأثير المبيعات على الأرباح، حيث أن نسبة الربح إلى التغير في التكاليف يوضح ربحية العملية بعد تحقيق نقطة التعادل.

التحليل الشبكي:

هنالك شروط يجب توفرها لتحليل الشبكات في أعمال الرقابة منها:

أ. الزمن اللازم لكل نشاط يجب أن يحدد لإنجاز العمل أو النشاط الذي يسبق كل حدث، وتقدير الوقت المحتمل حتى مع عدم وجود تجربة سابقة لاستخدامها، وعلى الخبرة السابقة أو المعرفة بالزمن اللازم لإنجاز النشاط المرغوب.

ب. يجب أن يتوفر لدى المحلل هدف محدد.

ج. يجب توفير سلسلة من الأحداث والنشاطات المحددة من البداية حتى انتهاء المشروع.

يساعد التحليل الشبكي على ما يلي:

1) إدراك العلاقات الموجودة بين مختلف النشطة.

2) تجزئة المشروع إلى عدة مكونات مع تحديد الوقت اللازم لإنجاز كل مهمة وتحديد التسلسل الزمني لها.

طريقة بيرت:

تركز هذه الطريقة الوقت اللازم لإنجاز النشاطات المؤكدة للعمل، والحصول على تقديرات محتملة للزمن المتوقع، وهنا استخدامها في تقدير الزمن وهي:

1) تقدير الزمن الأكثر رجحاناً.

2) تقدير الزمن الأكثر تفاؤلاً.

3) تقدير الزمن الأكثر تشاؤماً.

الفصل الرابع
الرقابة على الأعمال الإدارية

الرقابة على الأعمال الإدارية

أولاً: الرقابة على المبيعات

كمية البيع وكيفية الرقابة عليه

يمكن الحكم على كفاءة سياسات التسويق وفاعلية دائرة البيع من خلال دراسة كمية البيع، وذلك بمقارنة مستويات الأداء الفعلية بمستويات الأداء لسنوات سابقة. وإجراء مقارنة مع منظمات منافسة في السوق، مثال:

في الشركة العربية لتجارة السيارات، والتي تلاحظ ازدياد مستمر في مبيعات الشركة منذ عام 2000، كما يلي:

مبيعات الشركة وحصتها السوقية

العام	مبيعات الشركة	الزيادة أو الانخفاض في المبيعات	مبيعات المجموعة	الحصة السوقية للشركة %
2000	9000,000	—	60,000,000	30
2001	9,800,000	25	70,000,000	22,5
2002	10,200,000	16,8	80,000,000	18,2
2003	12,000,000	9,9	90,000,000	12,6
2004	14,100,000	7,5	120,000,000	9,3

نلاحظ من خلال الجدول السابق أن الشركات حققت معدلات ازدياد جيد في مبيعاتها خلال السنوات، ويمكن الحكم على دائرة البيع بأنها أحسن من خلال مقارنة مبيعات (2000) مع مبيعات (2004)، ولكن في حالة إخضاع التحليل إلى أسلوب المقارنة مع الشركات الأخرى المنافسة في السوق، وأسلوب النسب، فإنه يلاحظ على أن مبيعات الشركة في أزدياد ولكن بمعدل متناقض أولاً، ومن ثم مستمر ثانياً.

أنواع تقييم المبيعات:

1) تقييم المبيعات حسب العميل: والتي تقوم بتحليل المبيعات للشركة حسب نوع العميل الذي تتعامل معه الشركة، وهنالك منتجات تقوم بها بيعها للعملاء منهم:

- الجمعيات التعاونية.
- الدوائر الحكومية.
- الهيئات الاجتماعية.
- القطاع الخاص.

ووجد أن جميع مبيعات الشركة لكل من الحكومة والقطاع الخاص تشكل معظم المبيعات الكلية للشركة، أما مبيعات الجمعيات التعاونية والهيئات الاجتماعية لا تشكل اكثر ثلث مجمل مبيعات الشركة.

2) تقييم المبيعات حسب المنطقة البيعية: وهي لتوزيع مجمل المبيعات المنظمة الكلية على مناطق البيع الرئيسية الفرعية وإجراء المقارنة بينهما وذلك للحكم على فاعلية البيع في كل منطقة ومعرفة المناطق الأكثر مساهمة في مبيعات المنظمة الكلية.

3) تقييم المبيعات حسب نوع السلعة: وهي تحليل نوع السلعة التي تنتجها المنظمة، ومن ثم تسويقها. وهدف هذا التقييم هو معرفة مساهمة كل نوع من السلع في المبيعات الكلية للمنظمة.

مجالات رقابة وتقييم رجال البيع:

1) بيع الكمية المطلوبة بأقل تكلفة ممكنة: تقوم دائرة المبيعات بتحديد النفقات المسموح بها لكل بائع أو لكل مجموعة من رجال البيع إذا تطلب السلعة جهوداً مشتركة وثم تحديد المبالغ مسبقاً على ضوء دراسات ميدانية أو المستوى العام للإنفاق للسنوات السابقة.

2) قدرة رجال البيع على تحقيق أكبر مساهمة ممكنة في أرباح الشركة الكلية، حيث أن منظمات الأعمال غالباً تتعامل مع أكثر من سلعة، وتتطلب بعض السلع جهوداً أكثر من غيرها.

3) قدرة رجال البيع على تحصيل الذمم من خلال بعض السلع أو نسبة معينة من السلع على أساس الائتمان أو الدين، وأغلب السلع تكون مهمتها تحصيل الذمم من ضمن واجبات رجال البيع.

4) قدرة رجل البيع على التأثير في زبائنه ومدى الاحتفاظ بهم من خلال الاقناع وخلق الرغبة لدى العملاء لشراء السلعة، ومن اجل الحكم على كفاءة رجل البيع.

5) قدرة رجل البيع على تخطيط وتنظيم عمله من خلال القيام بنشاطات ثانوية تساعد رجل البيع في بلوغ أهدفه.

6) بيع الكمية المطلوبة من السلعة في فترة زمنية محددة قد تكون يومية أو أسبوعية أو شهرية، ولا يتضح أن تكون ربعيه أو نصفية أو سنوية إلا إذا كلف رجل البيع سلع تتطلب بناء علاقات طيبة تمهيدية مع العملاء المتوقعين قبل القيام بعملية البيع الفعلية.

الوسائل المهمة في عملية الرقابة والتقييم لرجال البيع:

هنالك سجلات المبيعات والتي هي كميات السلع المباعة من قبل كل رجال البيع خلال فترة محددة وتواريخ بيعها وأسماء العملاء وأنواع السلعة المباعة وطرق دفع أثمان السلع، وهنالك النسب المالية والتي تقييم رجال البيع على أساس صافي الربح للعمليات في فترة محددة من خلال نفقات البيع من صافي قيمة مبيعاته في تلك الفترة. وتقارير التقييم السنوية التي تظهر نقاط الضعف ونقاط القوة لكل رجال البيع والخصائص الإيجابية والسلبية الخاصة بهم. وتقارير الكفاءة والتي تتضمن مستويات أداء ونشاطات لرجال البيع والسلوكيات المهمة والتصرفات والقدرات في إجراء المقابلات مع العملاء.

استمارة العملاء الذين يتعاملون معهم، وذلك لبيان مدى رضا العميل عن تصرفات وملكيات رجال البيع ونوع الخدمات التي يقدمها ومدى اهتمام رجل البيع باحتياجات العميل.

ثانياً: الرقابة على الأفراد

نظام الرقابة على الأفراد

يبنى هذا النظام الرقابي على التعاون من جميع المستويات الإدارية في المنظمة في وضع أهدافه وطرقه وإجراءاته، وهنالك خطوات لوضع نظام الرقابة:

1) التعرف على الأهداف العامة لنظام الرقابة وهنا يتحدد نظام وضع الأهداف الواجب بلوغها كتخفيض معدل دوران العمل بين العاملين وتخفيض الشكوى، ورفع الروح المعنوية للعاملين.

2) تحديد مؤشرات الرقابة، والتي تختص بالنشاطات والمجالات الواجب مراقبتها مع تحديد أولويات المراقبة.

3) تحديد معايير القياس حتى يتم تحديد أداء الأفراد في فترة زمنية محددة، وهنا يجب مراعاة ملاءمة المعايير لظروف المنظمة، وتوفر المرونة.

4) نظام التغذية الراجعة وذلك بتحديد طرق جمع المعلومات عن مستويات أداء الأفراد والوصول إلى النتائج وكتابة التقارير عنهم.

5) معرفة طرق التقييم للإدلاء وذلك للوصول لنتائج واقعية من جراء تحليل المعلومات الواردة بواسطة التغذية العكسية والتي لا بد من تحديد مقياس موضوعة لأغراض القياس والتقييم.

6) معرفة النتائج التقيمية وذلك عن طريق عرض المعلومات النهائية ونتائج التحليل والتي يمكن استخدام الرسومات البيانية أو الخرائط والإحصائية.

أهمية رقابة الأفراد

1) يجب القيام بوظيفة الرقابة على أفرادها وتقييم أعمالهم لأهمية الرقابة وضرورتها لتحديد مواطن الضعف والقوة.

2) تحديد احتياجات المنظمة من الأفراد ومستويات كفاءاتهم التي تتناسب مع هذا التطور.

3) تنبع أهمية الرقابة من القناعة التي تؤكد على أن الأفراد يخطئون في أعمالهم، ومن خلال الرقابة وعملياتها نستطيع أن نحدد حجم الخطأ ومستواه.

4) تعد الأهمية من مبدأ المبادئ والضروريات الأساسية لمبدأ مساءلة الأفراد عن الأعمال التي اوكلوا بالقيام بها لتقييم أدائهم.

5) تكمن الأهمية في معرفة الكيفية التي بموجبها تتم مراقبة الأفراد في المنظمة ومعرفة معايير ومقاييس التقييم المستخدمة.

العوامل المؤثرة على رقابة الأفراد:

1) عوامل طبيعية: والتي يجب تحديد أهداف المنظمة الإدارية من طرق وأساليب وإجراءات رقابية أقل حدة من سابقها في الماضي، واقناع العاملين في الوصول لأهدافهم ومنافعهم بوسائل مختلفة حديثة أكثر من الأساليب المستخدمة قديماً. يجب على الإدارة أن تقوم بضرورة المشاركة في تحديد الأهداف والمعايير من أجل زيادة الرقابة.

2) عوامل ذات علاقة بالقوى المستخدمة من قبل الرؤوساء المباشرين- وتشمل على:

- قوة الإكراه: وهي القدرة على ممارسة العقاب على الأفراد الذين لم يحققوا الأهداف والمعدلات المطلوبة في أعمالهم.
- قوة المكافأة: وهي القدرة على منح المنافع المادية أو المعنوية للعاملين الذين حققوا معدلات عالية في أدائهم.
- القوة المرجعية: وهي الرغبة المتولدة لدى الأفراد ليصل إلى مستوى أداء فرد آخر له مثالاً يحتذى به، وهي أداة رقابية من قبل المديرين أو المشرفين للتأثير في مرؤوسين والوصول إلى اعلى مستوياه الأداة.
- قوة الخبرة: وهي المعرفة المتوافرة لدى الفرد والتي يمتلكها المدير أو المشرف المباشر يتم التأثير في المرؤوسين بسبب رضا الأفراد أو العمال المرؤوسين بمستوى الخبرة وإظهاره لدى الرئيس.

3) عوامل اقتصادية: وهي تكلفة القيام بعملية الرقابة بمقدار النفع المرغوب تحقيقه، ويجب القيام هنا بتحليل النظام الرقابي.

4) عوامل معرفية وتكنولوجية: وهي أنظمة الرقابة التي تعتمد طرق رقابية شخصية في المنظمات التي تعمل بموجب نظام الإنتاج حسب الطلبية الخاصة.

الفوائد الناجمة عن الرقابة على الأفراد:

1) تسهيل تحديد السلطة والمسؤولية التي يتم في إطارها تفويض الصلاحيات.

2) تنميط أداء الأفراد والتي تساعد في زيادة كفاءاتهم في أعمالهم وتخفيض تكلفة القيام بالعمل، وتقليل احتمالية الوقوع بالخطأ.

3) تخفيز الأفراد وتحديد المستويات المهم للأداء ومعرفة كفاءات الأفراد في المنظمة.

4) عمل تغذية راجعة في الإجراءات والتصحيحات الضرورية.

تعريف تقييم الأداء

هي العملية التي يمكن تقدير جهود العاملين بشكل منصف وعادل لتجري مكافأتهم بقدر ما يعملون وينتجون، أو هي العملية التي تهدف إلى تقييم منجزات الفرد عن وسيلة التحكم على مدى مساهمته في إنجاز الأعمال التي توكل إليه.

أهداف تقييم الأداء:

1) ضمان عدم التحيز فما يخص مكافأة أو للمعاقبة الأفراد العاملين.

2) السماح للأفراد بتنفيذ مسوؤليتهم.

3) تعزيز الروح المعنوية لدى الأفراد.

4) الحكم على فاعلية سياسات وبرامج التدريب ونقاط الضعف لدى العاملين.

5) الحكم على فاعلية سياسات الاختيار والتعيين.

6) مكافأة الأفراد أو لمعاقبتهم بشكل مطمئن الإدارة.

طرق التقييم الحديثة للأداء:

هنالك عدة طرق لتقييم الأداء منها:

1) طريقة التقييم النفسي والتي يتم بواسطة خبراء في علم النفس يتم تعيينهم من خارج المنظمة للقيام بهذه المهمة، حيث يقوم خبراء النفس بدراسة ومراجعة الخصائص النفسية للأفراد المنوي تقييمهم ومن خلال المقابلات والفحوصات النفسية المخصصة لها. وبعد ذلك يتم تحديد معالم شخصيات الأفراد المعنيين في مجالات الدوافع والذكاء والشعور العاطفي، وعلاقة ذلك كله بكيفية قيامهم بأعمالهم.

2) طريقة التقييم الذاتي والتي تعتمد على وجود الثقة بالمرؤوسين أو بالعاملين في المنظمة، حيث إذا توافرت الثقة من قبل الرئيس، والمرؤوسين فإنه يتم الاعتماد على المرؤوسين للمشاركة في تحديد الأهداف أو المعايير الواجب تحقيقها في فترة محددة. ويتم التقييم لهذه الطريقة من خلال:

- إعلام الرئيس للمرؤوسين عن أهداف عملية التقييم.

- كتابة ملخص من الرئيس إلى المرؤوسين يشرح فيه مفهومه عن العمل الذي يقوم به.

- تعبئة ورقة العمل من قبل المرؤوسين يطلب منهم كتابة إنجازاته.

- دراسة الرئيس لورقة العمل وتحليلها والتعرف على مواطن الضعف لدى المرؤوسين واحتياجاته من خلال تنمية قدراته ومهاراته.

3) طريقة التقييم في مراكز خاصة والتي تخضع الفرد لعملية التقييم في مراكز تعد خصيصاً لهذه الغرض، وتتم بإشراف مجموعة من المدراء التنفيذيين بمساعدة خبراء في علم النفس، وهذا النوع يستخدم عندما يكونون الأفراد من موظفي الإدارة

الوسطى في التنظيم، ومن أجل الترفيع إلى المستويات الإدارية العليا. وهنالك إجراءات تساعد عملية التقييم في هذه الطريقة منها:

- خضوع الموظفين لفحوصات تحريرية وشفوية تساعد على تبيان مستوياتهم الثقافية والمعرفية.

- دراسة حالات من خلال إعطاء الأفراد والموظفين قضايا أو مشاكل إدارية يتم اتخاذ قرارات إدارية مهمة في شانها وتحت إشراف المدراء والخبراء من أجل تحديد الإمكانيات والقدرات الذهنية لديهم.

- القيام للموظفين في هذا الشأن بمستويات أداء واعدة في الوظائف المنوي عملها.

- خضوع الموظفين لمقابلات شخصية من خبراء علم النفس لغرض معرفة الخلفية الشخصية لهم.

ثالثاً: الرقابة على التسويق

مفهوم الرقابة التسويقية

هي مراجعة سير نشاطات التسويق المختلفة بداءٍ بداية السنة وانتهاءً بكميات المبيعات، ومراجعة وتقييم نفقات المبيعات والتسويق.

أهمية الرقابة التسويقية:

1) الحرص على توفير المعلومات والبيانات الضرورية لعملية الرقابة والتقييم.

2) اتخاذ القرارات التصحيحية المتعلقة بإيصال المعلومات على المهتمين بالرقابة.

3) أن يكون هناك نظام رقابي يساعد على القيام بعملية المتابعة والمراقبة والمراجعة والتقييم لنشاطات التسويق.

شروط مهمة في الرقابة التسويقية:

1) توفر المعلومات الضرورية لإتخاذ القرارات والإجراءات التصحيحية المناسبة.

2) توفر معلومات كافية وضرورية لهدف تحديد الأهداف.

3) منطقية مرونة إجراءات الرقابة.

4) منطقية تكاليف الرقابة على نشاطات التسويق.

5) تصميم عملية الرقابة على نشاطات التسويق.

تحليل الحصة السوقية:

تكمن الأهداف من تحليل الحصة السوقية في معرفة اسباب تغير كميات البيع الفعلية داخلية والتي لها علاقة بكفاءة رجال البيع والأقسام أو لمعرفة أسباب خارجية بيئية ناتجة عن تغير بعض الظروف الاجتماعية أو النفسية أو الاقتصادية أو التنافسية.

أساليب تحليل حصة السوق

هنالك أسلوبين لتحليل حصة السوق:

1) أسلوب تحليل الحصة السوقية النسبية والتي تقصد مقارنة الحصة السوقية للمنطقة مع مبيعات أقوى من منظمات منافسة في السوق. أو لمقارنة مع المنظمة المنافسة الأقوى في المجموعة الصناعية التي تنتمي إليها المنظمة.

2) تحليل الحصة السوقية الإجمالية: وهي مقارنة نسبة المبيعات للمنظمة في فترة محددة مع مجمل المبيعات للمجموعة الصناعية في السوق والتي تنتمي إليها المنظمة.

مراحل رقابة التسويق:

1) تحديد معايير الأداء الواجب القيام به، وهنا يتم الإنفاق على حجم ونوع العمل الواجب تحقيقه في فترة محددة، مثل تحديد هدف دائرة المبيعات بأن الطلب منها هو تحقق زيادة في حجم المبيعات السنوية بمقدار معين، مع ضرورة الاهتمام بالعملاء. ويقوم المسؤولين في دائرة التسويق هنا بالاتصال بجهات معنية في السوق للحصول على بعض المعلومات القيمة والمهمة والتي تفيد في وضع أهداف ومعايير موضوعية غير مبالغ فيه.

2) مقارنة الأداء الفعلي بالمعايير المتفق عليها مسبقاً وذلك للتعرف على مدى الانسجام بينها ومعالجة الانحرافات الناتجة وثم القيام بعملية التصحيح المناسبة في الوقت المناسب. وهذه المرحلة مختصة بتحليل نتائج المقارنة بين المستويات الفعلية والمعايير للنشاطات لهدف معرفة أسباب الانحرافات إذا وجدت وثم معالجتها، فإذا ظهرت نتائج التحليل أن انخفاض الروح المعنوية لدى رجال البيع كان هو السبب الرئيسي- فإنه يتم تقديم التوجيه بإجراء التحقيقات الضرورية لمعرفة أسباب انخفاض الروح المعنوية.

3) اتخاذ قرارات وإجراءات تصحيحية فما يخص الانحرافات التي تم اكتشافها، ومن ثم تحول تلك النتائج إلى الجهات الإدارية المعنية باتخاذ القرارات الإدارية التي تتعلق بمعالجة تلك المشاكل وتحديد جهات تنفيذها.

الفصل الخامس
الرقابة المالية العامة

الرقابة المالية العامة

مفهوم الرقابة المالية:

هي تلك الأنشطة التي تركز على تحديد المتحقق ومقارنته بالمخطط في سبيل حصر الانحرافات والوقوف على اسبابها ومن ثم علاجها.

أغراض رئيسية للرقابة المالية:

1) أغراض اجتماعية تتمثل في منع ومحاربة الفساد الإداري والاجتماعي بكافة أشكاله مثل السرقة والتقصير والرشوة في أداء الوجبات.

2) أغراض اقتصادية وتتضمن كافة استعمال الأموال العامة والتأكد من استثمارها في أفضل وجه ممكن لتحقيق النفع العام.

3) أغراض قانونية، وتشمل في التأكد من مطابقة ومسايرة مختلف التصرفات المالية للقوانين والتعليمات والسياسات والأصول مختلف التصرفات المالية للقوانين والتعليمات والسياسات والأصول المالية المتبعة.

4) أغراض إدارية تتمثل في الحافظ على الأموال العامة واستعمالاتها المشروعة بكفاءة واقتدار وفعالية وبالتالي تؤدي إلى إحداث النتائج المتوقعة وتجنب كل ما من شأنه أن يؤدي للأضرار بالمصلحة العامة.

أنواع الرقابة المالية:

1) الرقابة الداخلية

هي تلك التي تتم من داخل السلطة التنفيذية نفسها. حيث يقوم بعض موظفي الحكومة بمراقبة الحكومة الآخرين، وهي في هذا قريبة الشبهه بمهمة أقسام المراجعة في

الشركات التجارية والصناعية، فيعتبر من قبيل الرقابة الداخلية ما يقوم به الوزراء ورؤساء المصالح ومديرو الوحدات الحكومية من رقابة على مرؤوسيهم. كذلك ما تقوم به وزارة المالية أو البنك المركزي من رقابة على الوزارات والمصالح الأخرى. وهي لذلك تسمى رقابة ذاتية أو رقابة إدارية.

2) الرقابة الخارجية:

فهي تلك التي يعد بها إلى هيئات مستقلة وغير خاضعة للسلطة التنفيذية. وهي في هذا قريبة الشبه بمهمة مراقبي الحسابات بالنسبة لشركات المساهمة، وتنقسم بدورها إلى:

أ. رقابة قضائية: حيث تتولى هيئة قضائية فحص الحسابات واكتشاف المخالفات المالية وحوادث الغش والسرقة. وقد يعهد إليها بمحاكمة المسؤولين عن المخالفات المالية وإصدار العقوبات المنصوص عليها. أو قد تحدد مهمتها في اكتشاف المخالفات المالية ومطالبة المسؤولين بتدارك الموقف أو إحالتهم للقضاء الجنائي إذا استدعى الأمر. كما قد يطلب منها وضع تقرير سنوي لرئيس الدولة أو السلطة التشريعية أو الاثنين معاً تعرض فيه ما اكتشفته من مخالفات مالية، وما أمكن تلافيه واقتراحاتها للتقليل من هذه المخالفات أو منعها في المستقبل. ومن أوضح الأمثلة على هذا النوع من الرقابة المالية محكمة المحاسبة في كل من فرنسا وإيطاليا وبلجيكا وغيرها. وديوان المحاسبة في الكويت والجهاز المركزي للمحاسبات في مصر.

ب. رقابة تشريعية: وهي تلك التي تتولاها الهيئة التشريعية بما لها من سلطة مطلقة في الرقابة المالية. وتباشر السلطة التشريعية هذه المهمة بطرق مختلفة، فقد تتم الرقابة عن طريق الهيئة التشريعية مباشرة أثناء السنة المالية أو بعد فحصها

للحساب الختامي عن طريق الاستجواب والسؤال للوزارة كممثلين للسلطة التنفيذية. وقد يترتب على إتباع هذا الأسلوب مسؤولية الوزارة السياسية وطرح الثقة بالوزارة وإسقاطها إذا لم تحصل على غالبية الأصوات. وقد تتجاوز مسؤولية الوزراء عن المخالفات المالية حدود المسؤولية السياسية لتشمل بعض الدول كفرنسا مسؤوليتهم المدنية والجنائية إلا أنه سرعان ما اتضحت عيوب هذا الأسلوب من اساليب الرقابة المالية نظراً لعدم إلمام أعضاء الهيئة التشريعية بالضرورة بالأصول العلمية للرقابة المالية أو لعدم توفر الخبرة والوقت اللازمين لهذه المهمة. ولذلك فقد رؤى من أولئك الذين قد تتوافر فيهم المعرفة والخبرة بشؤون المالية العامة.

ومثال ذلك اللجنة المالية في فرنسا ولجنة الخطة والميزانية في جمهورية مصر العربية ولجنة الشؤون المالية والاقتصادية في مجلس الأمة الكويتي. وعلى هـذه اللجنة أن تراقب تنفيـذ الميزانيـة وأن تفحص الحساب الختامي للدولة والمستندات المؤيده له. وقد يكون من سلطتها استدعاء الآمرين بالصرف أو من تراه من موظفي الدولة لمناقشتهم وسؤالهم. ثم ترفع هذه اللجنة تقريرها على السلطة التشريعية بكامل هيئاتها حيث يتخذ هذا التقرير أساساً لمساءلة السلطة التنفيذية.

وعلى الرغم من أنه قد تتوافر بعض نواحي المعرفة والخبرة بالشؤون المالية لأعضاء هذه اللجنة إلا أن صعوبة التفرغ لهذه المسائل وضخامة الجهد اللازم لأدائها تجعل من المستحيل على مثل هذه اللجنة تأدية مهماتها وضخامة الجهد اللازم لأدائها تجعل من المستحيل على مثل هذه اللجنة تأدية مهماتها على وجه مرضي. ولذلك فقد رأت معظم الدول أن تستعين الهيئة التشريعية بهيئة فنية متخصصة ومستقلة تكرس

خبراتها ووقتها للرقابة المالية على السلطة التنفيذية. ومن أمثلة ذلك الجهاز المركزي للمحاسبات في جمهورية مصر العربية.

ومن الناحية العملية نجد أن كثيراً من الدول قد جمعت بين هذه الطرق الثلاثة للرقابة التشريعية.حيث تتولى هيئة فنية متخصصة مراقبة تنفيذ الميزانية وفحص كل ما يتعلق بالعمليات المالية للدولة والوقوف على المخالفات المرتكبة ورفع التقارير السنوية وغير السنوية إلى السلطة التشريعية. فتقوم اللجنة المالية المنبثقة من السلطة التشريعية بدراسة هذه التقارير دراسة تفصيلية ثم تحليلها مرفقاً بها ملاحظاتها واقتراحاتها إلى المجلس التشريعي بهيئته الكاملة ليتولى محاسبة السلطة التنفيذية واتخاذ ما يلزم من إجراءات

3) رقابة سابقة:

حيث تتم عمليات المراجعة والرقابة قبل الصرف ولا يجوز لأي وحدة تنفيذية الارتباط بالالتزام أو دفع مبلغ قبل الحصول على موافقة الجهة المختصة بالرقابة قبل الصرف. ومن البديهي أن عمليات المراجعة والقرابة هنا تتم على جانب النفقات فقط حيث لا يتصور أن تتم رقابة سابقة على تحصيل الإيراد العام. وقد تتولى الرقابة السابقة إدارة داخلية تتبع نفس الجهة التي تقوم بالصرف (مثل أقسام المراجعة في الوزارات والمصالح المختلفة) أو قد تتبع وزارة المالية (مثل المراقب المالي بكل وزارة).وتتخذ الرقابة قبل الصرف أشكالاً متعددة. فقد تقتصر على مجرد التصريح للبنك المركزي بوضع المبالغ التي وافقت عليها السلطة التشريعية تحت تصرف الآمرين بالصرف في المصالح والوزارات المختلفة للإنفاق منها. وقد تتضمن ضرورة الحصول مقدماً على إقرار من الجهة المختصة بصحة كل عملية على حدة من الوجهة القانونية وقد تمتد الرقابة السابقة لتشمل فحص المستندات الخاصة بكل عملية والتثبت من سلامة العملية من جميع الوجوه مثل وجود اعتماد لهذا النوع من النفقة وأن إجراءات الإرتباط بالإلتزام قد تمت وفقاً

للوائح والتعليمات المالية وأن البضاعة (أو موضوع النفقة) قـد تـم اسـتلامها فعلاً وأن لجـان الاستلام ومحاضرها وكذلك مستندات الصرف مطابقة للنظم المالية المعمول بها...الخ.

لا يخلوا أسلوب الرقابة من العيوب فغالياً ما يصعب وفقاً لهذا النظام مراجعة العملية المالية في مجموعها خاصة بالنسبة للإرتباطات المالية الكبيرة والمشروعات الإنشائية وإنما تتم مراجعتها كأجزاء متفرقة كلما بدا بتنفيذ جزء منها.

ولا يعني هذا الانتقاص من قدرة أو أهمية الرقابة السابقة. وإنما يعني في رأينا ضرورة تـرك مهمـة الرقابة قبل الصرف إلى وحدات من داخل السـلطة التنفيذية سواء أكانـت مـن نفـس الجهـة التـي تقـوم بالصرف أومن وزارة المالية على أن تختص هيئات الرقابة الخارجيـة بعمليات الرقابة اللاحقـة. وهـذا مـا أيدته التطبيقات العملية لأساليب الرقابة المالية في الدولة المختلفة.

4) رقابة لاحقة:

وهي الرقابة التي تبدأ بعد انتهاء السنة المالية وقفل الحسابات واستخراج الحسـاب الختـامي للدولة. والرقابة اللاحقة لا تشمل جانب الإيرادات العامة التأكد مـن تطبيـق السـلطة التنفيذيـة للقوانين وعدم تقاعس الأخيرة عن تحصيل الضرائب المفروضة وأن كل ما حصل قـد ورد بالفعل إلى خزانـة الدولة. وتتخذ الرقابة اللاحقة أشكالاً متعددة، فقد اقتصر على المراجعة الحسـابية والمسـتندية لجميع العمليات المالية لكشف المخالفات المالية التي ارتكبت، وقد تمتـد لتشمل بحـث مـدى كفـاءة الوحـدة الإداريـة في استخدما الأموال العامة. ولكي تتوافر الجدية في عمليات الرقابة اللاحقة ولكي تثمر الثمار المرجوة منها لابـد وأن تتم هذه الرقابة عن طريق هيئة خارجية مستقلة عن السلطة التنفيذية وأن تمنح

هذه الهيئة وموظفيها من السلطات والضمانات ما يجعلها منأى عـن اي إجـراء تعسـفي قـد تحاول الحكومة اتخاذه.

وأسلوب الرقابة اللاحقة يتفادى ما في أسلوب الرقابة السابقة مـن عيـوب، حيـث يسـهل مراجعـة جميع أجزاء العملية الواحدة ودراستها دراسة دقيقة ومستفيضة والكشـف عـن الاختلاسـات والتلاعـب والأخطاء الفنية. والرقابة اللاحقة يتاح لها من الوقت ما يكفي لإتمام هـذه الدراسـات دون أن يترتـب عـلى ذلـك أي تعطيل لسـير العمـل الحكـومي. كـما أن الرقابـة الخارجيـة تـؤدي إلى تـدخل هيئـة الرقابـة في اختصاصات السلطة التنفيذية. بل ان مجرد العلم بوجود رقابـة خارجيـة لاحقـة سيدفع المسـؤولين في السلطة التنفيذية إلى توخي الدقة في تنفيذ الميزانية وتطبيق اللـوائح والتعليـمات الماليـة وبالتـالي منـع كثـير مـن المخالفات المالية التي كان من الممكن حدوثها لو لم يؤخذ بهذا الأسلوب للرقابة المالية.

ولقد عاب البعض على الرقابـة اللاحقـة أنهـا لا تمكـن مـن اكتشـاف المخالفات الماليـة أو الغـش والاختلاس إلا بعد أن تكون الأموال العامة فقد أنفقت فعلاً، فهي وإن كانت تقلل من المخالفات الماليـة لا تمنع من ارتكابها وإنما تقتصر على التنبيه إليها بعد وقوعها بالإضافة إلى أن اكتشاف هذه المخالفات الماليـة قد يأتي بعد وقت طويل من ارتكابها يكون فيه المسؤول قد تغير مما يقبب من اهميتها.

ولا شك في أن كثيراً من هذه العيوب التي ألصقت بالرقابة الخارجية اللاحقة يسهل تفاديها إذا مـا أعطيت لهيئة الرقابة بعض السلطات القضائية مثل تلـك التـي تخـول إلى محكمـة المحاسـبة في فرنسـا، أو إنشاء محكمة تأديبية لتعزيز مهمة هيئة الرقابة مثل النيابة الإدارية في جمهورية مصر العربية حيث يظل الموظف أينما كان مسؤول عن أية مخالفة أو إهمال في أداء واجبات الوظيفة الحالية أو الوظائف السابقة.

5) الرقابة الحسابية:

وهـي الرقابـة التقليديـة التـي يتقتصر ـ علـى مراجعـة الـدفاتر الحسـابية ومسـتندات الصـرف والتحصيل، ومدى تطابق للاعتمادات الممنوحة لكل بند من بنود الميزانية، وأن جميع التجـاوزات قـد تمـت بعد الحصول على ترخيص سابق من الجهة المختصة، وأن الإيرادات العامـة التـي فرضـها القانون قـد تم ربطهـا وتحصيلها، وأن الأمـوال المحصلة قـد أودعـت بخزانـة الدولة وأضـيفت إلى أنواعهـا الصحية في الحسابات، وأن جميع العمليات المالية قـد تمت بمستندات ونمـاذج صحية ومعتمدة ممـن لهـم سلطة اعتمادها ووفقاً للقوانين واللوائح والتعليمات المعمول بها في الدولة، وأنها مثبتة في الـدفاتر إثباتاً صحيحاً وفقاً للنظام المحاسبي المتبع. كما تهدف الرقابة الحسابية إلى بذل أقصى ـ الجهد لاكتشاف الأخطاء الفنيـة والغش والتزوير والمخالفات المالية. المعمول بها وتقديم الاقتراحات التي قد تراها هيئة الرقابة لازمة.

6) الرقابة التقيمية:

هي تلك التي لا تقتصر ـ علـى التأكـد مـن سلامة الـدفاتر والمستندات الحسـابية وصحة تطبيق القوانين واللوائح المالية فحسـب ولكنها تتجاوز كل ذلك في محاولة لتقييم النشاط الحكومي نفسـه. فهـي تبحث عن مدى تحقيق أهداف الميزانية وبالتالي مدى تحقيق الأهداف الاقتصادية والاجتماعيـة للمجتمع. فتقوم هيئة الرقابة التقيمية بدراسات للتكاليف النمطية لكل وجه من أوجه النشاط العام. ثم تتابع ما تم تنفيذه وتكلفة إنجاز كل عمل أو برنامج أو مشروع حكومي ومقارنة ذلك بالتكاليف النمطية للكشف عما صاحب التنفيذ من إسراف أو سوء استخدام للموارد الاقتصادية التي أتيحت للقطاع العام. كـما تهـدف الرقابة التقيمية في دراستها إلى الكشف عن مدى كفاءة الوحدات الإدارية ووضع المقترحات التي قد تراها ضرورية للإرتفاع بهذه الكفاءة الإدارية وبالتالي

خفض تكاليف الإنجاز أو تحسين مستوى الخدمة التي يقدمها القطاع العام. ولا تقتصر مهمة الرقابة التقيمية عند هذا الحد بل تتعداه إلى قياس المنافع متى عادت على أفراد المجتمع وعلى الاقتصاد القومي من قيام الحكومة بهذه البرامج والمشروعات محاولة بذلك وضع التكاليف والمنافع في مقارنة موضوعية يمكن عن طريقها تقييم إنتاجية وحدات القطاع العام.

وتعتبر الرقابة التقيمية من أحدث أساليب الرقابة المالية، حيث بدأ التفكير بها بعد الحرب العالمية الثانية. ومع ازدياد دور الدولة في النشاط الاقتصادي وبالتالي ازدياد حجم النفقات العامة وثقل العبء الضريبي الملقى على كاهل المواطنين. أصبحت الرقابة الحسابية وحدها عاجزة عن الوفاء بمتطلبات الجماهير، فهم بحاجة إلى معرفة أن ما فرض عليهم من ضرائب لم يكن يزيد من الحاجة الفعلية. وأن الموارد الاقتصادية التي حيل بينهم وبينها نتيجة لفرض هذه الضرائب قد استغلت من قبل نواحي الإسراف تتقلص وتتضاءل سنة بعد أخرى، ومن هنا بدأت المحاولات لوضع الرقابة التقيمية موضع التنفيذ ومع اعتناق الكثير من الدول لأساليب التخطيط الاقتصادي ازدادت الحاجة إلى الرقابة التقيمية كأسلوب أساسي لمتابعة تنفيذ الخطة الحالية ورسم الخطط الاقتصادية للسنوات القادمة.

أهداف الرقابة:

يعتبر مشروع الميزانية هو خلاصة المفاضلات بين البرامج البديلة لتحقيق أهداف المجتمع وإشباع رغباته. واعتماد الميزانية هو تصديق من السلطة التشريعية على أفضلية هذه البرامج وصلاحيتها لتحقيق أهداف المجتمع الاقتصادية والاجتماعية.

ومع ذلك فإن كل هذا الاهتمام وهذه الجهود التي بذلت لا قيمة لها ولا ثمرة ترجى من ورائها ما لم يتم تنفيذ الميزانية نصاً وروحاً كما اعتمدتها السلطة التشريعية. ولهذا كان على السلطة التنفيذية أن تبذل كل ما في وسعها لتضمن سلامة التنفيذ، وكان على السلطة التشريعية أن تراقب هذا التنفيذ مراقبة مستمرة حتى تتأكد من كفاءة تنفيذ البرامج المعتمدة، وعدم خروج الحكومة عن السياسات المرسومة والتي ارتضتها السلطة التشريعية طريقاً لتحقيق أهداف المجتمع. ومن هنا ظهرت الحاجة إلى استخدام أساليب الرقابة المالية.

وأساليب الرقابة المالية كثيرة ومتنوعة ومع ذلك فإننا نستطيع أن نقسم أنواعها من حيث الجهة التي تتولى مهمة الرقابة غلى رقابة داخلية ورقابة خارجية، ومن حيث التوقيت الزمني إلى رقابة سابقة ورقابة لاحقة، ومن حيث نوعية الرقابة إلى رقابة حسابية ورقابة تقيمية.

أساليب الرقابة بواسطة ديوان المحاسبة:

1) الرقابة المسبقة: تخضع لهذا النوع من الرقابة كافة المناقصات الخاصة بالورديات والأشغال العامة، وكل مشروع ارتباط أو اتفاق أو قد يكون من شأن إبرامه ترتيب حقوق أو التزامات مالية للدولة او عليها إذا بلغت قيمة المناقصة الواحدة أو الارتباط أو الاتفاق أو العقد مائة ألف دينار فأكثر.

2) الرقابة اللاحقة: تجري بعد الارتباط أو الصرف. وتشمل كافة التصرفات المالية التي تجريها الجهات الخاضعة لرقابة الديوان.

ونصت المادة (78) على أن تكون مراجعة الديوان لمستندات الجهات التي تشملها رقابته المالية بنسبة مائة من المائة. واستثناء من هذا الأصل، إجازات المادة لرئيس

الديوان في أحوال الضرورة القصوى ولاعتبارات هامة تتصل اتصالاً وثيقاً بالمصلحة العامة. أن يخفض نسبة المراجعة بالقياس إلى نوع أو أكثر مـن أنـواع المسـتندات بالجهـات الخاضـعة للرقابـة كلهـا أو بعضها.

3) **الرقابة الفنية:** يقوم الديوان من خلال جهازه الهندسي بإجراء رقابته الفنية عـلى موضـوعات العقـود والارتباطات والاتفاقات لدى الجهات، وذلك بدعمها في مواجهة المقاولين والوصـول إلى تخفيض الملاحظات التي تنشأ من أخطاء التطبيق وتلافي مواجهة هذه الجهات للأمر الواقع عند ثبات حق المقاولين، والتأكد من صحة الصرف الـذي يـتم مـن المـال العـام لهم.

وقد أوجبت المادة (27) أن يعهد إلى موظفي الـديوان الفنيـين القيـام بـأعمال التفتـيش والفحـص والمراجعة التي تتطلبها ممارسة الديوان لاختصاصاته.

وحظرت اسناد أي من هذه الأعمال إلى أحد موظفي الديوان الآخرين، ولو كانت وظيفتـه معتـبرة فنية طبقاً لقانون آخر.

وتعتمد الرقابة بالديوان بصورة عامة على رفع التقارير الخاصة والسنوية إلى كـل مـن السـلطتين التنفيذية والتشريعية. يتضمنها ما يتكشف من المخالفات المالية وما يجب أن يتخذه القانون حيالها.

مراحل الرقابة المالية:

1) مرحلة التحقق من المخطط أو المخصص بشكل دقيق، ينبغي على المراقب المالي عنـد الحصـول عـلى المعلومـات الدقيقـة أن يعـود إلى المخطـط أو المخصـص لشـكل دقيـق. والتعـرف عـلى المشـاكل والانحرافات وتحديدها بعد مقارنتها بالمنفذ.

إن ارتباط أنشطة الرقابة المالية تكون اصعب كلما ارتبطت أنشطتها بمتابعة القوانين والأنظمة المالية، مما يؤدي إلى أهمية الاهتمام في المراقب المالي في نجاح القرابة المالية ونتائجها.

2) مرحلة التحقق من مستوى وطبيعة الأنشطة المنفذه، وهي قيام أي مسؤول إداري أو مالي بحكم صلاحيته لتنفيذ أنشطة تنفيذ الخطة بصورة دورية بالإطلاع أو التحقق من المعلومات التي تقدمها المحاسبة بشكل تنفيذي.

3) مرحلة تفسير وتوضيح وتحليل الانحرافات بين المنفذ والمخطط وتحديد أسبابها. هنا تستعد أجهزة الرقابة بالمعلومات والوسائل المهمة لتفسير وتوضيح الانحرافات التي تحددها أنشطة الرقابة. إن مستلزمات أعمال التحليل المالي تحديد الانحرافات والفروق بين المنفذ والمخطط.

أهداف التحليل المالي:

1) اكتشاف الخلل والانحرافات في تنفيذ الخطط الجارية واتخاذ قرارات لازمة لها.

2) تقييم أنشطة القطاع الاشتراكي وحماية مؤسساته من اي نوع من عدم الكفاءة في استغلالها.

3) إيجاد الأساس الكفيل لأعداد الخطة المالية في المستقبل.

4) الاستفادة من الاحتياطات الداخلية في تحقيق الأهداف.

5) مرحلة المتابعة لتحقيق التوافق والتخلص من الإنحرافات يجب الإلتزام من جانب المراقب من أنه ينفذ ما يقوم به، ومتابعة أعمال الرقابة وإزالة جميع نقاط الخلاف والضعف وتحقيق التوافق بين المخطط والمنفذ.

وهنا عند اكتشاف المخالفة المالية أن تقوم بإبلاغ ذلك للدائرة المختصة، وبالتالي على الدائرة اتخاذ الإجراء المناسب لإزالة العوائق وآثارها.

عملية الرقابة:

يمكن التوصل لعملية الرقابة المالية بواسطة نموذج النظام والذي يتمثل من عمليات المدخلات ومن ثم العملية والمخرجات والتغذية الراجعة، وبواسطة هذه العمليات يمكن أن تنتشر الإجراءات والفعاليات الرقابية في جميع أجزاء المنشأة أو المنظمة أو الأعمال بانسجام أكبر ضمن نظام موحد وهو (نظام الرقابة) والنقاط التالية توضحها:

1) المدخلات: والتي تتركز النشاطات الرقابية هنا على تحديد المعايير السلوكية والفنية واتخاذ الإجراءات كاملة وحشد الإمكانيات والطاقات البشرية والاقتصادية والاجتماعية والتكنولوجية، حتى تساعد على تمرير كافة المدخلات إلى عمليات إنتاجية وتحويله وبالتالي يؤدي إلى إنجاز الأهداف المرغوبة.

2) العملية: وهنا يتم التركيز على جانب العمليات الإنتاجية أثناء سيرها لمعرفة دفع الجهود نحو النتائج المرغوبة، والتخلص من كافة العوائق والمشكلات قبل الانتهاء من العمل.

3) المخرجات: وهي عملية لاحقة والتي ترتكز على النتائج وتحليلها ومقارنتها بالخطط والأهداف الموضوعة ثم اتخاذ الإجراءات التصحيحية، كما أن المخرجات تمثل انطلاق جديد ومستمر في نظام الرقابة.

4) التغذية الراجعة: وهي للتخلص من الإنحرافات أو للحد منها وتجنبها مستقبلاً قدر الإمكان وتصحيح وتقويم الأداء الحالي ومدخلاته وعملياته، وكذلك تعزيز النظام وتشجيع استمرارية نمط الأداء المالي والمحافظة عليه دون أي تغير جذري .

أساس تخطيط وبرمجة الرقابة المالية:

1) العمل على القضايا المشكوك فيها أو تلك التي تعني مخالفات صريحة لقوانين وقرارات مركزية يجب مراعاتها.
2) الرقابة على القضايا أو المسائل التي يجب التحقق منها بكل دقة وإعطاء الرأي العام لها.
3) توجيه الرقابة المالية على القضايا الحاسة والهامة التي لها علاقة بالأنشطة الاقتصادية والمالية لوحدات اقتصادية.
4) يجب اتباع الطرق التحليلية المالية للتمكن من تحليل الأنشطة المالية والاقتصادية بموجبها.

الإطار المتكامل للرقابة المالية:

ولا شك أن أفضل وسيلة نحو بناء إطار متكامل للرقابة المالية هي وضع وصياغة مجموعة من الأسس العلمية تساهم في توضيح مفهوم الرقابة المالية وتبين العناصر الأساسية التي تتكون منها ووظائفها الرئيسية والأساليب التي تستخدم في تحقيق الرقابة المالية الفعالة، ويمكن تحديد هذه المجموعة من الأسس والأساليب التي تستخدم في تحقيق الرقابة المالية الفعالة ويمكن تحديد هذه المجموعة من الأسس على النحو التالي:

1) تخطيط إستراتيجي وتخطيطي.

2) خطة تنظيمية.

3) معايير عادلة ومؤشرات سليمة لقياس وتقييم الأداء.

4) مجموعة من التقارير يتم إعدادها بصورة منتظمة حسب خطوط السلطة والمسؤولية.

5) الإدارة بالاستثناء.

6) مجموعة شاملة من النظم والأساليب المحاسبية والإدارية.

7) اتخاذ الخطوات المصححة المناسبة.

8) المتابعة والتغذية المرتدة بالمعلومات.

9) الاعتدال في عملية الرقابة.

10) مراعاة الجوانب السلوكية للرقابة المالية.

وفيما يلي توضيح لكل من هذه الأسس:

أولاً: التخطيط الإستراتيجي

يعتبر كل من التخطيط الإستراتيجي التكتيكي ضرورة حتمية لتحقيق الرقابة المالية السليمة لأنه يضع مستقبل المنشأة على طريق مرسوم بدلاً من أن تكون التصرفات مجرد رد فعل للأحداث.

والتخطيط الاستراتيجي هو بطبيعته تخطيط طويل الأجل يمتد لسنوات طويلة قادمة ويختص بالسياسة العامة للمنشأة، ويتناول العوامل الرئيسية الهامة مثل الأسواق الحالية والجديدة والموارد المالية والبشرية والخامات والابتكار والتقدم التكنولوجي والعائد

المخطط على الاستثمارات والمنافسة. كما يتطلب هذا التخطيط تحليلاً متعمقاً للمناخ السياسي والاقتصادي و الاجتماعي.

ونظراً لأن التخطيط الإستراتيجي يكون في صورة خطوط عريضة وأهداف عامة يكون من الضروري تعضيد الخطة الإستراتيجية بخطة تكتيكية تنبع منها وتتناول التفاصيل الخاصة ببرامج المنشأة في مجال التنظيم والتسويق والإنتاج وتنمية الموارد وتخطيط العمليات.

وعلى الرغم من أن التخطيط الإستراتيجي والتخطيط التكتيكي مسؤولية الإدارة العليا في المقام الأول إلا أن وضع خطة إستراتيجية وخطة تكتيكية يتطلب بالضرورة توفير نظام لتجميع البيانات الهامة وترجمة هذه البيانات في صورة مالية. وهنا يظهر مرة أخرى أهمية التكامل و الاندماج بين وظائف الإدارة ووظائف المحاسبة في مجال الرقابة.

ثانياً: الخطط التنظيمية

تمثل الخطة التنظيمية مقوم اساسي من مقومات إعداد وتنفيذ أي نظام فعال للرقابة المالية، نظراً لأن الخطة التنظيمية تبين بوضوح خطوط السلطة والمسؤولية وقنوات الاتصال ونطاق الإشراف وعدد المستويات الإدارية والإطار العام لتقسيم وتحديد الوظائف وتوصيفها وأسس التنسيق بينها.

ويجب أن تتضمن الخطة التنظيمية دليل تنظيمي يحتوي على توصيف كامل ودقيق للسلطات و المسؤوليات ويبين بوضوح قنوات الاتصال وتسلسل خطوات العمل وتوزيعه بين المستويات الإدارية المختلفة.

وعندما وضع معهد المحاسبين بالولايات المتحدة الأمريكية تعريفه للرقابة الداخلية، كانت البداية في هذا التعريف هي الخطة التنظيمية حيث عرف المعهد الرقابة الداخلية كما يلي:

الرقابة الداخلية تشمل الخطة التنظيمية وجميع الطرق والمقاييس المنسقة التي تتبناها المنشأة لحماية أصولها. ومراجعة دقة البيانات المحاسبية ومدى إمكان الاعتماد عليها، والنهوض بالكفاية الإنتاجية، وتشجيع الموظفين على الإلتزام الإداري.

ويرجع الاهتمام بالخطة التنظيمية في تعريف معهد المحاسبين الأمريكي وإعطائها مكان الصدارة إلى أهمية الفصل بين الوظائف الثلاثة التالية:

أ.   وظيفة تنفيذ العمليات أو ترخيص بها أو الموافقة عليها واعتمادها.

ب.   وظيفة المحاسبة والتسجيل في الدفتر.

ج   وظيفة الاحتفاظ بالأصول كعهدة وذلك عند تصميم نظم سليمة للرقابة الداخلية.

كما يتم التركيز بالنسبة للخطة التنظيمية على تحديد جميع الواجبات وتحديد خطوط السلطة والمسؤولية وتوصيف الاختصاصات لكل منصب وتبيان قنوات الاتصال بوضوح، وكذلك نطاق الإشراف بمعنى أن التركيز هنا عام وشامل ولا يقتصر ـ على زاوية تنظيمية محدودة و إنما بنصب على الهيكل التنظيمي بأكمله. حيث أن النظام السليم للرقابة المالية يقوم على أساس محاسبة كل مستوى من المستويات المسؤولة داخل المنشأة من أدنى مستوى إلى أعلى مستوى، كما أنه يتم تصميم تقارير الرقابة المالية وفقاً لخطوط السلطة والمسؤولية بحيث تكون متطابقة تماماً مع الهيكل التنظيمي للمنشأة وتجيد بصورة عملية قنوات الاتصال المحدودة، وتترجم الإشراف والمسؤولية في صورة رقمية.

وفي بعض المنشآت يكون هناك أكثر من وضع تنظيمي واحد وخطة تنظيمية رسمية موجودة أسماً على الورق ولا تتبع فعلاً، وتنظيم شبه رسمي ينطوي على تعديلات على الخطة الرسمية ولكن التعديلات غير معتمدة، وتنظيم هو المطبق فعلاً ويمكن بمتابعة الاتصالات اليومية الفعلية ودراسة المستويات التي تتخذ فيها القرارات الفعلية ولا شك أن هذه النقطة تبرز وتؤكد تكامل و إندماج وظائف المحاسبية والإدارة في مجال الرقابة المالية.

ثالثاً: معايير قياس وتقييم الأداء

لقد اصبحت إحدى السمات الرئيسية التي تميز حياتنا بصفة عامة والعصر- الذي نعيش فيه بصفة خاصة هي " النسبية" فلا توجد أشياء مطلقة بالمرة،وبالتالي لا يمكن الحكم على الأداء بأنه ممتاز أو جيد أو متوسط أو ضعيف إلا بالمقارنة بمقياس معين، فإذا رسمنا خط طويل معين وطلبنا من احد الأشخاص الحكم على طول هذا الخط فإنه حتى تكون إجابة هذا الشخص سليمة يجب أن يقوم بمقارنة هذا الخط مع خط آخر. كذلك الحال بالنسبة للأداء، لا يمكن الحكم عليه إلا بالمقارنة مع نمط أو معيار أو مؤشر أو اي مقياس آخر مناسب. و المقارنات المتاحة هنا تشمل:

1) مقارنة الأداء الحالي بالأداء السابق لنقس الفرد.

2) مقارنة الأداء الحالي لفرد بأداء فرد آخر يقوم بعمل مماثل وفي ظروف مماثلة.

3) مقارنة الأداء الفعلي بالأداء المحدد مقدماً أو الأداء المستهدف.

4) مقارنة الأداء الفعلي بالمعايير.

ويفيد النوع الأول من المقارنات في اكتشاف اتجاهات مستوى الأداء خلال الفترة الزمنية محل المقارنة, ولكن هذه المقارنات يشوبها اختلاف الظروف في كل فترة.

ويمكن عن طريق النوع الثاني من المقارنات وضع ترتيب تفاضلي لأداء العاملين بنفس المنشأة ويتم هذا من خلال أن الحكم على مستوى أداء العاملين بالمنشأة بالمقارنة مع مستوى أداء العاملين في المنشآت المماثلة، ولكن هذا النوع من المقارنات يكون عادة بصورة إجمالية ويفيد في إعطاء مؤشر عام عن مستوى الأداء ولكن يمكن معه القيام بدراسة تحليلية تفصيلية للتعرف على نواحي الضعف ونواحي القوة والأسباب التي تؤدي إلى انخفاض مستوى الأداء.

ويعتبر النوع الثالث من المقارنات وسيلة مرضية للحكم على مستوى الأداء حيث يتم تحديد الأداء المستهدف في ضوء الظروف المتوقعة وبالتالي فإن الأرقام قابلة للمقارنة.

ويعتبر النوع الأخير من المقارنات أفضل وسيلة متاحة للحكم على كفاءة الأداء فضلاً أنه يتم مقارنة الأداء الفعلي بالمعايير التي يتم تحديدها في ضوء الظروف المتوقعة فإن الصفات التي تتصف بها المعايير تجعل هذه المقارنة لها دلالتها ومغزاها، فقبل وضع المعايير يتم توصيف المنتج توصيفاً كاملاً ودقيقاً كما يتم تحديد أفضل طريقة للأداء في ضوء التخطيط الداخلي لأماكن العمل ومستوى التجهيزات داخل مكان العمل ووسائل النقل والمناولة بالإضافة إلى توفير جميع التعليمات اللازمة للقائمين بالعمل سواء في شكل تدريبات مسبقة أو تعليمات بالنسبة لكل عملية، فضلاً عن أن استخدام الطريقة العملية يجعل المعايير دقيقة نسبياً، ومن ثم فإنه لا يمكن الاحتجاج بأن مقياس الأداء غير سليم.

وعندما يتم وضع المعايير على اساس ظروف وطرق من المرغوب تحقيقها فإن الفرق بين الأداء الفعلي والمعيار يصبح قرينه على تغير حقيقي في الكفاية وكما أنه في غياب مواصفات محددة عن الطرق التي تستخدم في أداء العمليات المختلفة وما يجب أن تكون عليه الظروف المحيطة يجعل من الصعب تحديد السبب وراء تغيرات أو انحرافات الأداء

الفعلي عن الأداء المعياري بالإضافة إلى ذلك قد يكون من المستحيل تقرير ما إذا كانت الظروف السائدة مثل حالة مرغوباً فيها أم لا.

رابعاً: تصميم التقارير وفقاً لخطوط السلطة والمسؤولية

من الأهمية بمكان تصميم نظام التقارير بالمنشأة وفقاً لخطوط السلطة والمسؤولية. فلو فرضنا أن هناك ثلاث مستويات عن النشاط التسويقي بالمنشأة هي:

1) مستوى المدير العام.

2) مستوى مدير المنطقة.

3) مستوى مدير الفرع.

فيجب أن يتم إعداد التقارير عن النشط التسويقي بحسب المسؤولة لكل مستوى من هذه المستويات كما يتضح من الشكل التالي:

مدير عام المبيعات			
مدير المبيعات المنطقة (س)		مدير المبيعات المنطقة (ص)	
فرع (1)	فرع (2)	فرع (3)	فرع(4)

تقارير لمدير عام المبيعات			
تقارير لمدير المبيعات المنطقة (س)		تقارير لمدير المبيعات المنطقة (ص)	
تقارير لفرع (1)	تقرير لفرع (2)	تقارير لفرع (3)	تقارير لفرع(4)

ومن الواضح أنه كلما صعدنا إلى أعلى في سلم التنظيم الإداري كلما زاد نطاق المسؤولية و بالعكس كلما هبطنا إلى أدنى سلم التنظيم الإداري في هذا التسلسل للمسؤولية. فليس معنى اتساع النطاق المسؤولية كلما صعدنا إلى أعلى في مستوى سلم التنظيم الإداري إغراق المستويات الإدارية العليا بالأرقام. ولهذا السبب فإن الأرقام التي تبينها التقارير المرفوعة للمستويات الإدارية العليا تعرض في صورة إجنالية. ويمكن القول بأننا كلما صعدنا إلى أعلى في السلم التنظيمي كلما زاد نطاق المسؤولية وقلت التفاصيل، على أن ذلك لا يعني حجب التفاصيل عن المستويات الإدارية العليا إذ أنه يكون بمقدور هذه المستويات دائماً الإطلاع على صور التقارير المقدمة للمستويات الإدارية الأدنى وفقاً لخطوط السلطة والمسؤولية.

خامساً: الإدارة بالاستثناء

الإدارة بالاسثناء في ابسط صورها هي نظام للتنبيه والاتصال يرسل إشارات إلى المدير عندما تكون هناك حاجة لتنبيه وبالعكس يبقى ساكناً عندما تكون هناك حاجة لجذب اهتمامه. ويمكن ست جوانب بنظام الإدارة بالاستثناء على النحو التالي:

1) جانب القياس: حيث يتم الأداء في الماضي والحاضر وحصر الموارد والطاقات و الإمكانيات وتجميع وتقييم الحقائق بالنسبة لموقف العمليات ككل.

2) جانب التنبؤ: حيث يتم استخدام بيانات الماضي والحاضر للتنبؤ بالأحوال في المستقبل وتحديد الأهداف وأعداد الخطط وبرامج العمل ومراجعة الهياكل التنظيمية.

3) جانب الاختيار: حيث يتم اختيار المقاييس الرئيسية التي تبنى على أسس اقتصادية و تعكس بأفضل صورة ممكنة تقدم في تحقيق أهدافه.

4) جانب الملاحظة: حيث يتم ملاحظة وقياس نتائج الأداء الفعلي واستخراج المؤشرات الهامة بصفة دورية.

5) جانب المقارنة: حيث يتم مقارنة الأداء الفعلي مع الأداء المتوقع حتى يمكن تحديد استثناءات وتحليل الأسباب التي أدت إليها وإعداد التقارير ورفعها إلى المستويات المختلفة في الحالات التي تتطلب اتخاذ خطوات معينة.

6) جانب اتخاذ موقف أو إجراء: حيث يتم متابعة وعلاج الحالات الاستثنائية عن طريق اتخاذ إجراءات مصححة.

سادساً: نظم واساليب محاسبية وإدارية

وبالرغم من أن النظام المحاسبي يمثل القناة الرئيسية والهيكل الأساسي للمعلومات فإنه لا يعتبر الأسلوب أو النظام الوحيد، فقد تم اكتشاف اساليب أخرى بعضها ظهر جزئياً ضمن حركة الإدارة العلمية في نهاية القرن التاسع عشر، إلا أهم وجودها لم يبدو واضحاً إلا بعد انتهاء الحرب العالمية الثانية وعلى وجه التحديد في الخمسينات من هذا القرن. ومن أهم هذه الاسباب ما يلي:

1) نسب التحليل المالي والمحاسبي.

2) نظم محاسبة التكاليف الفعلية والمحددة مقدماً.

3) الموازنات الثابتة والمرنة.

4) تحليل العلاقة بين التكلفة/ الحجم/ الربح.

5) تحليل الفرق بين النتائج الفعلية والمحددة مقدماً.

6) التقارير الرقابية.

7) التكاليف الحدية.

8) مؤشرات تقييم الأداء الداخلي.

9) أساليب التحليل الإحصائي والعينات.

وجميع هذه الأساليب تستخدم الآن بصورة نشطة في المحاسبة الإدارية كجزء من النظام المحاسبي أو كوسيلة لترجمة وتفسير البيانات التي يتضمنها هذا النظام.

سابعاً: الخطوات المصححة

لا يكمل الرقابة المالية إلا باتخاذ خطوات مصححة. فالأساس في الرقابة المالية هو تنظيم و عرض المعلومات حتى يمكن للمديرين أن يقرروا مجال التحرك أو اتخاذ قرأ بسرعة.

وفي مجال اتخاذ الخطوات المصححة لمعالجة الانحرافات، يقوم القرار النهائي على اساس المفاضلة بين البدائل التالية:

1) عدم التحرك حتى يتم مراجعة النظام القياس ملاحظة التقرير. وفي هذا المجال التمييز بوضوح بين الانحرافات من الموازنة الناشئة عن تغيرات في كفاية الأداء، وتلك التي ترجع إلى عدم واقعية الموازنة نفسها. وعند التشخيص يجب أن تراجع الإدارة قياساتها وأن تعطى بعض التفكير إلى مدى صحة التنبؤات الأصلية.

2) الانتظار لفترة محدودة فقد يصحح الوضع نفسه بصورة تلقائية أو ذاتية.

3) وضع معايير للأداء من جديد.

4) إتباع سلسلة من الخطوات المصححة المخططة مسبقاً والتي يتم ترتيبها بحسب درجة انحراف واستمراره.

5) الحصول على استشارة خارجية موضوعية ذات كفاءة عالية.

6) التحرك في اتجاه جديد تماماً غير مخطط على اساس إعادة تقييم الموقف من أساسه يتبعه تفكير خلاق منطقي.

ثامناً: المتابعة والتغذية المرتدة بالمعلومات:

تبدو الحاجة واضحة للمتابعة والتغذية المرتدة بالمعلومات حينما يؤدي الموقف إلى إتخاذ قرار يؤثر بدوره على المجال الأصلي، فعندما يشعر الإنسان أنه قد يسقط على الأرض يقوم بتصحيح توازنه ومن ثم يستطيع يقف معتدلاً. وفي مجال الأعمال عندما توضح المنافسة الحاجة إلى تطوير المنتجات تبدأ الأبحاث ويتم الانفاق على التطوير الذي يؤدي إلى تغيرات تكنولوجية. وفي مجال الرقابة المالية يؤثر مبدأ التغذية المرتدة بالمعلومات ويتكون لدينا الشكل التالي:

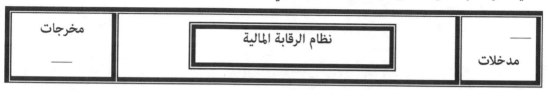

مخرجات ——	نظام الرقابة المالية	—— مدخلات

والواقع أن التصرف اليومي للإدارة في معظم الأحوال عبارة عن رد فعل والاستجابة لمعلومات يعاد تغذية الإدارة بها عن نتائج قرارها السابقة. ومن الأمثلة الواضحة على مبدأ المتابعة والتغذية المرتدة بالمعلومات أسلوب الرقابة باستخدام الموازنة حيث توضع خطة و يتم تنفيذها بالاستفادة من نتائج التنفيذ والمتابعة في وضع الخطة الجديدة وهكذا. وتبدو الأهمية الأساسية لعمليات المتابعة المستمرة والمراجعة بعد التنفيذ في التبصير بنواحي القوى والضعف في تحديد الأهداف، والتنبؤ، ووضع الخطة الإستراتيجية، وقياس عبء العمل ووضع المعايير، بما يضمن أن تؤدي عملية إعادة التغذية المستمرة بالمعلومات بالضرورة في النهاية إلى تحسين وترشيد هذه الخطوات.

تاسعاً: الاعتدال في عملية الرقابة

المغالاة في الرقابة تلقى أعباء غير ضرورية على النظام المحاسبي وتحد من المرونة و الابتكار، كما أن ضعف الرقابة إلى الإخفاق في تحقيق الأهداف وذلك فإن المشكلة الأساسية هنا هي تحقيق قدر معتدل من الرقابة.

ومن الكلمات الشائعة في هذا المجال: "إن المنشأة التي تحاول مراقب كـل شيء تنتهي بتحقيق الرقابة على لا شيء "والواقع أن الرقابة يمكن أن تنهار لأن الإدارة تحـاول أن تحقـق رقابة أكـثر مـن اللازم، فتختلط الأمور الهامة مع مجموعة ضخمة من الأشياء الصغير غير الهامة. ولذلك فإن تمييز العنـاصر الهامـة للأداء التي يكون لها أضخم الآثار على تحقيق أهداف المنشأة يعتبر مهمة أساسية لتحقيق الرقابة المالية الفعالة.

والواقع أنه في الحياة العملية تكون هناك عوامل كثيرة تتبع في سلوكها ونتائجها عوامل أخرى اكثر أهمية ويجب أن يحدد نظام لمعلومات في كل منشأة العوامل الهامة التي تتحكم في نجاح المنشأة.

عاشراً: مراعاة الجوانب السلوكية للرقابة المالية

لا شك أن تحقيق الرقابة المالية الفعالة يعتمد على سلوك الأفراد داخل المنشأة أكـثر مـن اعتمـاده على الخطوات أو الإجراءات الآلية لتنفيذ نظام الرقابة المالية. والواقع أن هذا الأساس يمثل خلفيـة ضرورية لكثير من اسس ومعايير الرقابة المالية وخاصة الأسس التالية:

1) الخطة التنظيمية.

2) معايير قياس وتقييم الأداء.

3) إعداد التقارير حسب خطوط السلطة والمسؤولية.

4) الإدارة بالاستثناء.

5) الخطوات المصححة.

6) الاعتدال في الرقابة.

فالخطة التنظيمية لو راعت النظرة السلوكية في التنظيم لأدت إلى نوع التنظيم لا يمكن تحديده إلا بعد شغل الوظائف وتحديد العلاقات التنظيمية بين الأفراد. كذلك فإن عملية وضع و اختيار معايير ومؤشرات تقيم الأداء تؤثر وتتأثر بسلوك العاملين بالمنشأة. ومن المسلم به أن المعايير المتشددة تؤدي إلى الإحباط كما أن المعايير المتراضية تدعو إلى التكاسل. ومن ناحية أخرى فإن نجاح نظام التقارير والمعلومات يتوقف على نوعية المديرين واستعدادهم للاستفادة بالمعلومات.

كما أنه من المسلم به أن المعلومات تهدف إلى ترشيد سلوك المديرين ولكنها لا تحل محل التفكير السليم والقدرة على وزن الأمور والحكم عليها. ويقوم مبدأ الإدارة بالاستثناء على إغفال التغيرات الطفيفة لأنها لا يمكن أن تتوقع أن يكون السلوك البشري في الأداء مطابقاً تماماً للمعايير. وفي مجال الخطوات المصححة يجب مراعاة النواحي السلوكية للعاملين بالمنشأة خاصة عند وضع نظم الحوافز، وأخيراً فإن وراء مبدأ الاعتدال في الرقابة ناحية سلوكية هامة هي أن المغالاة في الرقابة تؤدي إلى انعدام المرونة وتقل روح الابتكار لدى العاملين في المنشأة.

المعايير الأساسية للرقابة المالية:

1) التوافق بين انشطة الرقابة المالية مع أحكام الأنظمة النافذة والتي يجب تحديد طبيعة أعمال الرقابة المالية وفقاً لأحكام الدستور أو القانون المشرع به في البلد المعني.

2) توافق أنشطة الرقابة المالية مع مبدأ الاقتصادية وترشيد الإنفاق ضمن أفضل الفرص التنافسية لتنفيذها وبعد ذلك متابعتها ضمن الاستغلال الأمثل لها بعد الإنجاز.

3) توافق أنشطة الرقابة المالية مع الاتجاه السياسي للدولة وفقاً لأهداف وأفكار الحزب الواحد

4) توافق أنشطة الرقابة المالية مع أهداف الخطط المالية والاقتصادية والتي يجب على الدولة تهيئة الوسائل اللازمة لزيادة الإنتاج والتوزيع.

خصائص نظام الرقابة الفعال

هنالك نقاط رئيسية لنجاح نظام الرقابة منها:

1) الاعتماد على مبدأ الفصل المرن بين الوظائف الإدارية والحسابية في الأجهزة العامة. وذلك الفصل بين الصلاحيات الإدارية المتمثلة بالتوجيه بالأمر والصرف والإقرار من جهة وبين الصلاحيات المالية المختصة بالعمليات الحسابية التنفيذية.

2) يجب تطور مفهوم الرقابة المالية وفقاً لتطور المفاهيم المالية وأدواتها الرئيسية مثل الموازنة العامة.

3) الدقة والوضوح والمرونة في معايير واساليب الرقابة وسرعة اكتشاف الأخطاء والانحرافات ووجود المعالجات فوراً لها.

4) توفر وتنظيم وتحليل المعلومات المالية من خلال نظام فعال متكامل للمعلومات.

5) استقلالية أجهزة الرقابة المالية من خل نظام فعال متكامل للمعلومات.

6) توازن النظام الرقابي على شكل خط موازي لكافة مراحل الموازنة وبشكل متابعة آنية مستمرة لكافة التصرفات المالية وتصحيح الانحرافات حال ظهورها وقبل استفحالها ومعالجتها في الوقت المناسب.

7) تنوع أساليب الرقابة واستعمالها بشكل تكاملي ومستمر بحيث تعزز الأساليب المختلفة للرقابة بعضها من بعض.

8) تعزيز الثقة المتبادلة والتكامل والتعاون والتنسيق بين أجهزة الرقابة المالية والجهات التنفيذية والإدارية.

9) الاقتصاد والكفاية بحيث تكون تكاليف نظام الرقابة في الحدود المقبولة.

10) قيام الرقابة على مبدأ المشاركة بين الرؤوساء والمرؤوسين في مختلف المسائل الهامة كالتخطيط وتحديد الأهداف بدقة.

11) بناء نظام رقابة فعال والتطلع للأمام أو التغذية الأمامية للمعلومات ومعرف المشكلات قبل وقوعها ومعالجتها.

12) انسجام نظام الرقابة مع المناخ التنظيمي وطبيعة المنظمة وأوضاعها الإدارية والمالية والتنافسية والبيئة.

الرقابة المالية الداخلية:

هنالك واجبات يجب على الأجهزة التنفيذية والمالية القيام بها، ضمن أنشطة اقتصادية وهي:

1) الرقابة الحسابية: يجب على كل وحدة اقتصادية تنفيذ أنشطتها المختلفة إلى جهازها العامل والإداري. ويجب على وظائف القسم الحسابي أو المالي أن تكون واضحة بقدر وضوح وظائف المحاسبة وأهدافها.

ومن واجبات الرقابية هي:

- فرض الرقابة والسيطرة ومنع الغش والتلاعب.
- تسجيل وتجميع المعلومات والأرقام لأغراض اتخاذ قرارات اقتصادية وإدارية.

- عمل الجدولة والتقارير المالية لأغراض التحليل المالي.

2) الرقابة الإدارية: أن السلطة التنفيذية مسؤولة عن تنفيذ جميع الخطط المالية والاقتصادية وتطبيق جميع الأنظمة والقوانين. يجب على متابعة الخطط والقوانين في ضوء التقارير الاقتصادية والمالية التي قدم إليه وفقاً للنظام المحاسبي والمالي المعتمد الموحد.

3) الرقابة التنظيمية: تقوم الرقابة على تنظيم وتهيئة المعلومات الاقتصادية لمختلف الأغراض ومتابعة سير تنفيذ الخطط المالية. والإشراف على سير العمال الحسابية ومستوى أدائها ومعالجة الصعاب، وفرض الرقابة الاقتصادية الموضوعية اللازمة داخلياً، وإجراء التحليل المالي في رفع كفاءة ومستوى الأداء، ومراقبة المدراء.

واجبات التدقيق والرقابة الداخلية:

- التحقق من تطبيق القرارات والتوجيهات المركزية الصادرة من السلطة التشريعية أو التنفيذية.

- إجراء التدقيق المستندي على جميع أقسام وفروع الوحدة المركزية والتأكد من النواحي الشكلية والقانونية والفنية.

- القيام بأعمال التفتيش الدوري على أنشطة الوحدات الفرعية.

- متابعة إزالة الملاحظات والسلبيات الواردة في تقارير الرقابة المالية.

الرقابة المالية على الهيئات المحلية:

هنالك أغراض رئيسية للرقابة المالية منها:

- التأكد من مبدأ المسؤولية العامة والمحافظة على الأموال العامة من الإسراف والتبذير وسوء الاستعمال.

- التعرف على الانحرافات والمشكلات التي يبينها التنفيذ الواقعي والعملي للخطط واتخاذ إجراءات تصحيحية حيالها.

- الحرص على انسجام السياسات المحلية مع السياسات القومية العامة.

- اشتمال نظام الرقابة على كافة المعلومات المالية والتحليلية التي تساعد على التخطيط والتنفيذ والمتابعة والتقييم للأوضاع المالية.

- التأكد من صحة وسلامة التصرفات المالية.

أشكال الرقابة المالية على الهيئات المحلية:

1) الرقابة التشريعية يتم من خلال سلطة إصدار القوانين التي تنشئ الهيئات المحلية وتحدد نطاق اختصاصها وأعمالها وصلاحياتها المالية ومدى الرقابة عليها.

2) الرقابة القضائية وتتضمن الرقابة على الشرعية العامة للتصرفات من حيث المضمون والموضوع والشكل والأعمال والأشخاص والتأكد من تنفيذ القوانين وحسم النزاعات وتسوية الخلافات و تفسير القوانين.

3) رقابة إدارية وتنفيذية على تصرفات مالية وإدارية للهيئات المحلية، وهذا للتأكد من مراعاة الهيئات المحلية لهذه القوانين والأنظمة والسياسات العامة في مختلف أعمالها وتصرفاتها المالية والإدارية. أما الرقابة التنفيذية على الهيئات المحلية فتشمل حق السلطة التنفيذية في إصدار الأنظمة والتعليمات التي تحكم عمل المحليات وحق حل الهيئة المحلية فتشمل حق السلطة التنفيذية في إصدار الأنظمة والتعليمات التي تحكم عمل المحليات وحق التصديق والاستئذان والإلغاء والأمر والإحلال. وحق حل الهيئة المحلية من قبل الحكومة المركزية في حالات يحددها

القانون، وحق التفتيش المالي والإداري والمفاجئ للتأكد من أنه تم تنفيذ الأعمال العامة وفعالية وكفاءة الوحدة المحلية في إصلاح ما انحرف.

وحق السلطة التنفيذية في تعيين بعض أو كل أعضاء الوحدة المحلية واختيار رئيس الوحدة من بين الأعضاء المنتجين، وحق الإشراف العام والتنسيق وتحديد وتغيير التقسيمات الإدارية.

مقترحات لتفعيل الرقابة المالية على الهيئات المحلية:

1) اتخاذ كافة الإجراءات السليمة للتطوير والإصلاح الإداري للأجهزة المحلية وفقاً لأحدث الأصول والأساليب والأنظمة الإدارية.

ويجب هنا تطور التنظيم الإداري للوحدات المحلية وإعادة التنظيم وفقاً لتطوير الهداف وحجم العمل ونوعيته، وتعيين الكفاءات والكوادر البشرية المؤهلة بناء على أساس الجدارة والتنافس، وتبسيط إجراءات العمل وإعادة النظر فيها من وقت لآخر بشكل يعمل على تسهيل وسرعة وانخفاض التكاليف العامة، وتطوير أنظمة العاملين المتعلقة بالاختيار والتعيين والتدريب والحوافز.

2) اتخاذ إجراءات كافية لتطوير كفاية وفعالية الإدارة المالية المحلية وتحسين الإفصاح المالية للهيئات المحلية ومن هذه الإجراءات تحديد المصادر المالية التي تتمتع بها الهيئات المحلية بكل وضوح، وتنويع الموارد المالية، وإيجاد الوسائل الرقابية الكافية التي تكفل المحافظة على الأموال العامة المحلية، وتطوير الكفاءات البشرية التي تعمل في مجالات الإدارة المالية من أجهزة وأفراد تحصيل البشرية التي تعمل في مجالات

الإدارة المالية من أجهزة وأفراد تحصيل وتقدير الضرائب والرسوم وتنفيذ الإجراءات المالية والرقابة عليها.

3) تطوير جميع التشريعات الإدارية المحلية لتواكب مختلف التطورات والمستجدات السياسية والإدارية والمالية والاقتصادية وغيرها. وإمكانية دمج التشريعات الإدارية المحلية وتنسيقها في قانون عام موحد للإدارة المحلية يحدد الأسس والأطر الرئيسية.

4) التعاون التمويلي من خلال مؤسسات التمويل المشترك والمتخصص.

5) تشجيع الأعمال التطوعية والتعاون الشعبي مع الهيئات المحلية في إدارة مناطقهم المحلية، والتوعية والقناعة بالأهداف المحلية وربطها مع الطموحات الوطنية.

6) المشاركة مع القطاع الخاص في مشروعات تدعم الأوضاع المالية للهيئات المحلية في إطار المنظمة والقوانين ضمن حدود المصلحة العامة وتوازنها مع الحرية الفردية.

الفصل السادس
الرقابة والمتابعة والتقييم

الرقابة والمتابعة والتقييم

مفهوم المتابعة:

هي متابعة العمليات الإدارية في تحقيق هدف محدد، بالتعاون مع خطوات تتابعية مثل التخطيط والتنظيم والتوجيه واتخاذ القرارات ومن ثم التحقق من جودة الأداء. ووضع المدير والإداري في بداية جديدة لعملية إدارية أخرى.

أساسيات المتابعة:

هناك ثلاثة أساسيات للمتابعة الإدارية وهي:

- الوقت.
- البيانات الإحصائية.
- أدوات القياس.

1) الوقـــــت: وهو توفير الوقت الكافي للقيام بالعمليات المتابعة الإدارية بشكل دقيق، كذلك أن بعض العمليات تحتاج إلى وقت للبحث والدراسة للتنبؤ بأي احتمال لحدوث الانحرافات.

2) البيانات الإحصائية: وهي ضرورية في المتابعة المستمرة للأحداث ولمعرفة ما إذا كانت الظاهرة السلبية ستؤدي إلى وقوع خطأ أو مشكلة مؤثرة، ويتم الحصول على البيانات الإحصائية من خلال سجلات العمل في الشركة، ومصادر خارجية مثل الدراسات والأبحاث العلمية، ويجب أن تتوفر الخبرة والمهارة في جمع وتبويب هذه الإحصاءات بطريقة أدق تجعل المعلومات التي يتم الحصول عليا ذو ثقة ومصداقية يمكن الاعتماد عليها. وهنالك أساليب للتحليل الإحصائي المستخدمة في عمليات المتابعة منها أسلوب تحليل الاختلافات بين قيم الأداء في

أوقات مختلفة، وأسلوب تحليل الانحرافات عن المعايير المحددة، وتحليل الارتباط بين النتائج التي تم التوصل إليها.

3) أدوات القياس: وهي مجال قياس الأداء المناسبة، والتي غالباً ما تكون صعبة، ويمكن التغلب عليها باستخدام أنواع مختلفة من أدوات القياس كالإنتاجية والتي يمكن قياسها بأكثر من أداة للقياس كنسبة المدخلات إلى المخرجات.

الفرق بين المتابعة والرقابة:

1) المتابعة تعني ملاحقة التنفيذ وتحديد درجة النجاح أو الفشل فيه خطوة بخطوة، أما الرقابة فتركز على تحليل النتائج النهائية وتقدير مدى مطابقتها للأهداف الموضوعة في الخطة.

2) تهدف المتابعة إلى الكشف عن الانحرافات قبل حدوثها والعمل على تلافيها، أما الرقابة فتعمل على تحديد ما تم فعلاً من أخطاء واتخاذ الإجراءات التصحيحية بشأنها.

دور المتابعة الإدارية

تبدأ المرحلة الأولى بشراء المواد الخام من الموردين في المشروع أو المنشأة ثم استلام المواد وتخزينها وتصنيع أجزاء المنتج وتجميعها وتخزين المنتج النهائي لفترة محددة وشحنها إلى سوق المستهلكين، ويمكن متابعة العملية كما يلي:

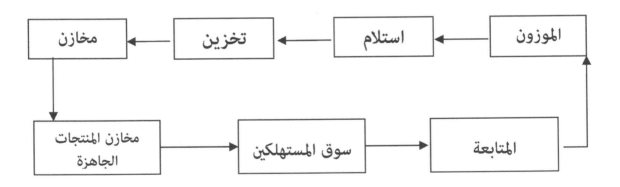

الرقابة الوقائية:

يتم انتقاء الموظفين أو العاملين من خلال:

1) معرفة أساليب التنظيم وضبط العملية الإدارية.

2) معرفة العامل بما يجب عليه القيام به بوضوح.

3) معرفة طبيعة العمل الذين يقومون به.

4) معرفة نجاحه في عمله والتي ينعكس ذلك على الغير من فائدة مادية ومعنوية.

عناصر نظام المتابعة:

1) المشروعات الاستثمارية للشركة قيد التنفيذ وهي لتتم المتابعة من خلال البيانات الخاصة بالتكاليف الفعلية فيها.

2) نشاط تشغيلي وفيه مؤشرات الإنتاج والتسويق والقيمة المضافة ومعدل العائد الحالي للاستثمار وكفاءة المخزون والمؤشرات الإنتاجية الحالية واتجاهاتها ومؤشرات التحويل وتطويرها.

3) متابعة المشروعات قيد التنفيذ من خلال حجم الموارد المستخدمة وحجم الإنجاز الذي تحقق والإنفاق الاستثماري.

مؤشرات المتابعة في العملية الإدارية:

1) مؤشرات تسويقية كقيمة إجمالي المبيعات المحلية والخارجية وفائض التوزيع والقيمة المضافة الصافية.

ومؤشرات التسويق بشكل معادلات تشمل:

$$\text{نسبة تحقيق الأهداف في المبيعات الإجمالية} = \frac{\text{قيمة المبيعات الإجمالية الفعلية}}{\text{قيمة المبيعات الإجمالية التقديرية}} \times 100\%$$

$$معدل النمو في الصادرات = \frac{قيمة الصادرات الفعلية}{قيمة الصادرات في السنة} \times 100\%$$

$$معدل النمو في المبيعات الإجمالية = \frac{قيمة المبيعات الإجمالية الفعلية}{قيمة المبيعات الاجمالية للسنة} \times 100\%$$

2) الإنتاج والأسعار للسلع ككميات الإنتاج بالأسعار التقديرية وكميات الإنتاج بأسعار نفس الفترة والأسعار الجارية.

$$ويمكن معرفة نسبة الإنجاز المتحقق = \frac{قيمة الإنتاج الفعلي بالأسعار التقديرية}{قيمة الإنتاج التقديري} \times 100\%$$

$$معدل النمو = \frac{قيمة الإنتاج الفعلي بأسعار السنة الماضية}{قيمة إنتاج السنة الماضية} \times 100\%$$

$$الإنتاجية الكلية = \frac{قيمة المنتجات}{قيمة مستلزمات الإنتاج} \times 100\%$$

$$الكفاية الإنتاجية لساعة العمل = \frac{قيمة المنتجات}{عدد ساعات تشغيل الآلات} \times 100\%$$

مفهوم تقييم الأداء:

هو كافة الإجراءات الإدارية التي تؤدي إلى إصدار الحكم حول مدى الإنجاز الذي تحقق من الهدف المقصود إنجازه في فترة محددة.

أهداف تحقيق تقييم الأداء

1) تصحيح الإنحراف للأنشطة أولاً بأول وحل المشكلات التي أدت إلى الانحراف المسار عن وجهته نحو تحقيق الهدف من النشاط الذي يقوم به الإداري.

2) دفع الأنشطة في اتجاه تحقيق الأهداف ومنعهما من الانحراف، من خلال المتابعة المستمرة لسير العمل.

خصائص تقييم الأداء:

- المرونة في التطبيق على أنواع مختلفة من الأنشطة.

- الإنجاز في التقييم الموضوعي الذي تحقق.

- إعطاء صورة واضحة عن المشروع أو المشروع المراد تقييمه.

متطلبات عملية تقييم الأداء:

1) وجود معدلات أو معايير محددة مسبقاً لمستوى الأداء المرغوب به في كل نشاط.

2) توفر نظام فعال لتدفق المعلومات بشكل أكثر حرية لكافة العاملين والمدراء والإداريين ورؤساء الأقسام.

3) وجود تفويض حق لاتخاذ القرارات بحسب المستوى الإداري.

4) توفر نظام اتصال فعال لنقل المعلومات لمستخدميها لتساعدهم على اتخاذ القرارات الصحيحة.

5) وجود نظام للمتابعة تتوفر له كافة النماذج المهمة لمتابعة الأحداث والانحرافات.

مواصفات نظام تقييم الأداء:

1) الوضوح في نظام تقييم الأداء وتوفر أدوات قياس تحدد حجم الأداء الذي تحقق وأن تكون المعايير مدروسة وواضحة.

2) الشمولية في نظام التقييم للأداء لكافة أنشطة المشروع التي تغطي كافة المستويات الإدارية.

3) الزمن المطلوب للمتابعة مع تقييم الأداء والذي يصحح الانحراف بشكل فعالية.

نظم المعلومات الإدارية وتقييم الأداء:

انتشرت نظم المعلومات الإدارية في السنوات القليلة الماضية في منظمات الأعمال والمعاهد والكليات والجامعات، وأصبح تخصص منفرد له كيانه يلتحق به الطلب للحصول على الدرجات العملية.

مزايا تحقيق نظم المعلومات الإدارية:

1) إتاحة جميع الفرص لوصول المعلومات إلى كافة أجزاء المنظمة والعاملين.

2) تصنيف وترتيب المعلومات المتجمعة وغربلتها واستبعاد الشوائب منها ومنع تكرارها.

3) جمع المعلومات والبيانات التي تحتاجها المنظمة في التخطيط والرقابة والمتابعة واتخاذ القرارات والاختيار والتعيين.

4) تحديث واستحداث المعلومات أولاً بأول.

دور نظم المعلومات الإدارية في تحقيق أهداف تقييم الأداء:

1) معلومات السوق وهي تتضمن المبيعات والمنافسين والحصص السوقية في كل منظمة والعملاء والتكاليف والعرض والطلب وأذواق المستهلكين.

2) معلومات الإنتاج وهي كميات الإنتاج وساعات العمل للأفراد والتكاليف المباشرة وغير المباشرة والتنوع السلعي.

3) معلومات عن الموارد البشرية مثل أعدادهم ووظائفهم وواجباتهم ومهامهم ومؤهلاتهم والتدريب والإجازات والرواتب وإجراءات الأمن والسلامة والنقابات وإصابات العمل ....الخ، والتخزين والنقل والأسعار ومواصفات الجودة والطلبيات ومعايير استخدام المواد.

نظام تقييم الأداء:

يشتمل على نقاط رئيسية هي:

1) المدخلات وهي معلومات عن الموارد البشرية والأموال والمواد ووسائل الإنتاج والبيئة الخارجية للمنظمة.

2) العمليات وهي معالجة المعلومات عن الإنتاج والشراء والتسويق والتخزين والتمويل والبحث والتطوير والأسعار والنقل والتوظيف والتدريب.

3) المخرجات لمعلومات المنتجات الخدمية والرضا الوظيفي والنمو والسلعية...الخ.

4) التغذية الراجعة.

نموذج ستوكس Stokes لنظام تقييم الأداء:

1) العمليات التشغيلية من قيمة المبيعات وعدد الشحنات من وإلى السوق والكميات المعاد بيعها وعدد الطلبيات الواردة وقيمة الكميات المرتجعة من المبيعات والأنفاق على الدعاية والإعلان.

2) علاقات العمل من معدل دوران العمل والحوادث وعـدد الإصـابات وسـاعات التـدريب التـي تـم تنفيذها وعدد المنازعات وعدد مرات تطبيق لائحة الجزاءات على المخالفين للسلوك.

3) المركز المالي مـن الموجـودات المتداولـة والمطلوبـات المتداولـة وإجـمالي إيـرادات البيـع والتكـاليف الجارية للاستمارات وصافي الربح.

4) الجودة من مستويات الجودة المطلوبة وردود فعل المستهلكين وعدد ملاحظاتهم وشكاوي العملاء ونظام الرقابة على الجودة.

5) الإنتاجية من عدد ساعات العمل والـزمن المعيـاري لإنتـاج الوحـدة الواحـدة وكميـة الإنتـاج لكـل وحدة إنتاجية وعدد أعطال الآلات تشغيلها. وعدد الوحدات المنتجة على كـل آلـة وعـدد سـاعات العمل والنمو في الإنتاجية للآلات والوحدات الإنتاجية.

6) التسويق من منافسين ومندوبي مبيعات ومستهلكين وبحوث التسويق والحصـص السـوقية في كـل منطقة وإستراتيجيات التسويق والتسويق الإلكتروني والحملات الإعلانية والأسعار وتطوير المنتجات ودورة حياة السلعة والصادرات.

7) موارد بشرية من عدد المتدربين ومصادر القوى العاملة والإجازات والدوام وخطط الموارد البشـرية وعدد الذين يتركون العمل وبرامج التدريب ونظـام الحـوافز ونظـام تحليـل وتوصـيف الوظـائف والتعويضات غير المباشرة والمباشرة والتضخم الوظيفي.

النماذج المستخدمة في المتابعة:

أ) متابعة عناصر الاستخدامات، وتشمل على

- العنصر المستخدم من أجور والبيع ومصاريف جارية وإيجارات وفوائد محلية وخارجية وتحويلات تخصصية وضرائب ورسوم سلعية وخدمية.

- تقديرات العام الحالي لكل ثلاثة شهور.

- نسبة تنفيذ أهداف العام الحالي من القيمة.

- نسبة الزيادة في النمو عن العام الماضي.

ب) نموذج متابعة الأنشطة التشغيلية، وتشمل على:

- متابعة النشاط في إنتاجي وإيرادات ومبيعات محلية وصادرات وأجور والرواتب وحوافز ومكافآت ومعدلات.

- تقديرات العام الحالي من مبيعات.

- موقف نهاية فترة المتابعة من أول حتى بداية فترة المتابعة.

- الفترة المقابلة من السنة الماضية.

- نسبة تنفيذ أهداف العام الحالي.

- معدل النمو.

الفصل السابع
الرقابة الداخلية على المحاسبة

الرقابة الداخلية على المحاسبة

مفهوم الرقابة الداخلية:

لقد عرفت لجنة طرائق التدقيق المنبثقة عن المعهد الأمريكي للمحاسبين القانونيين الرقابة الداخلية بأنها: تشمل الخطة التنظيمية ووسائل التنسيق و المقاييس المتبعة في المشروع بهدف حماية أصوله و ضبط و مراجعة البيانات المحاسبية و التأكد من دقتها و مدى الاعتماد عليها و زيادة الكفاية الإنتاجية و تشجيع العاملين على التمسك بالسياسات الإدارية الموضوعة.

ومن جهة أخرى, فإن هذا التعريف يخدم عملية التدقيق الخارجي و جوانبها.

"تعد خطة تنظيمية إدارية محاسبية للضبط الداخلي عند استخدام عوامل الإنتاج المتاحة لدى المنشأة وصولاً إلى أعلى معدلات ممكنة من الكفاية الإنتاجية".

العوامل التي ساعدت على تطور الرقابة الداخلية :

- كبر حجم المنشآت و تعدد عملياتها.
- اضطرار الإدارة إلى تفويض السلطات والمسؤوليات إلى بعض الإدارات الفرعية بالمشروع.
- حاجة الإدارة إلى بيانات دورية دقيقة.
- حاجة إدارة المشروع و صيانة أموال المشروع.
- حاجة الجهات الحكومية و غيرها إلى بيانات دقيقة.
- تطور إجراءات التدقيق.

أهداف الرقابة الداخلية

1) حماية أصول المنشأة من اي تلاعب او اختلاس أو سوء استخدام.

2) التأكد من دقة البيانات المحاسبية المسجلة بالدفاتر لإمكان تحديد درجة الاعتماد عليها قبل اتخـاذ أي قرارات.

3) الرقابة على استخدام الموارد المتاحة.

4) زيادة الكفاية الانتاجية للمنشأة.

5) وضع نظام للسلطات و المسؤوليات و تحديد الاختصاصات.

6) حسن اختيار الأفراد للوظائف التي يشغلونها.

7) تحديد الإجراءات التنفيذية بطريقة تضمن انسياب العمل.

وبالنسبة لنظرة المدقق الخارجي لهذه الأهداف, فإنه يهـتم بالهـدفين الأول و الثـاني مـن الأهـداف السابقة, و ينبع هذا الاهتمام من طبيعة و أهـداف مهـام الحسـابات والتـي تتمثـل في إبـداء الـرأي الفنـي المحايد عن مدى سلامة و صدق إعداد القوائم المالية محل الدراسة وفقاً لمجموعـة مـن المبـادئ المحاسبية المتعارف عليها .

المبادئ الأساسية لأنظمة الرقابة الداخلية و الضبط الداخلي:

- يتلاءم مع حجم البنك و طبيعة نشاطه.

- يغطي كافة نشاطات البنك و عملياته.

- يشمل على معايير مناسبة لمنع وقوع الأخطاء.

- يشمل على آليات مناسبة تمكن من ضبط و تحليل و إدارة المخاطر الناجمة عن نشاطات البنك.

- يكون مدعماً بأنظمة معلومات و اتصالات تكفل تدقيق المعلومات بدقة.
- يتلائم مع الإطار المؤسسي للبنك بهدف ضمان التوافق مـع أحكـام القـانون الـذي يحكـم عمليـات البنك.
- يكون مفصلاً و موثقاً بشكل كاف.
- يحدد بوضوح الإجراءات التصحيحية عند الحاجة .

أدوات الرقابة الداخلية :

أ.   نظام الرقابة الإدارية.

ب.   نظام الرقابة المحاسبية.

ج.   نظام الضبط الداخلي.

ونتناول هذه الأنظمة أو الأدوات بقليل من التفصيل و كما يلي:

أ) نظام الرقابة الإدارية :

"تشمل على الخطة التنظيمية والإجراءات والوثائق والسـجلات المتعلقـة بعمليـات اتخـاذ القـرارات والتي تقود إلى الترخيص الإداري للعمليات.وهذا الترخيص يكون وظيفتـه إداريـة تـرتبط علـى نحـو مباشر بالمسؤولية عن تحقيق أهداف المنشأة ".

ومن أهم الأساليب التي تستخدمها المنشأة لتحقيق أهداف الرقابة الإدارية ما يلي :

1) الموازنة التخطيطية.

2) التكاليف المعيارية.

3) تقارير الكفاية الدورية.

4) دراسات الحركة و الزمن.

5) الرقابة على الجودة.

6) البرامج التدريبية.

7) نظام محاسبة المسؤولية.

8) نظام تقييم الأداء.

9) الرسوم البيانية والكشوف الإحصائية.

وتكون هذه نقطة البدء لوضع أو إنشاء نظام رقابه محاسب.

ب)   نظام رقابه محاسبية :

"وهو اختبار دقة البيانات المحاسبية المسجلة بالدفاتر والحسابات ودرجـة الاعـتماد عليها.وتتبـع عمليات صحة تسجيل وتبويب وتحليل وعرض البيانات المحاسبية."

ومن أهم الأساليب التي تستخدمها المنشأة لتحقيق أهداف نظام الرقابة المحاسبية ما يلي :

1)   نظرية القيد المزدوج.

2)   استخدام حسابات المراقبة.

3)   استخدام أسلوب المصادقات.

4)   مذكرات التسوية مع البنك.

5)   توفير نظام مستندي سليم.

6)   اتباع نظام الجرد المستمر و المفاجئ.

7)   فصل واجبات إدارة الحسابات عن الإدارات الأخرى.

8)   التدقيق الداخلي.

9)   استخدام موازين التدقيق الدورية و الفرعية.

ولعل من أهم الأسباب لتحقيق فاعلية الرقابة الإدارية والمحاسبية هو الضبط الداخلي.

ج) الضبط الداخلي :

"وهي خطة تنظيمية و جميع وسائل التنسيق و الإجراءات الهادفة إلى حماية أصول المشروع من الاختلاس أو التلاعب أو سوء الاستخدام, ولن ننسى بأنها وظيفة داخلية تابعة لإدارة المنشأة.

ويعتمد الضبط الداخلي في سبيل تحقيق أهدافه على ما يلي:

1) تقسيم العمل.

2) المراقبة الذاتية بحيث يخضع عمل كل موظف لمراجعة موظف آخر يشاركه في تنفيذ العمل.

3) استخدام وسائل الخدمة المزدوجة.

4) التأمين على الممتلكات و الموظفين الذين في حوزتهم العهدة.

مقومات (ركائز) نظام الرقابة الداخلية :

يجمع الباحثون في التدقيق على أنه لا بد من توفر المقومات الرئيسية التالية في نظام الرقابة الداخلية السليم:

1) هيكل تنظيم إداري:

و لتحقيق فاعلية الرقابة الداخلية يجب أن يتسم الهيكل التنظيم الإداري في المنشأة بما يلي:

- ان يمثل هذا الهيكل الخطط التنظيمية لتحقيق أهداف المنشأة.

- ضرورة الترابط و التنسيق بين الأهداف الرئيسية و الفرعية.

- وضوح خطوط السلطة و المسؤولية.

- مرونة و بساطة الخطط الموضوعة مع الثبات النسبي.

2) **نظام محاسبي سليم:**

و لتحقيق فاعلية الرقابة الداخلية, يجب أن يتسم النظام المحاسبي بما يلي:

- أن يقوم النظام المحاسبي على مفاهيم و مبادئ تتسم بالوضوح والثبات وعدم الجمود لـتحكم عملية التوجيه المحاسبي.

- يتضمن النظام المحاسبي طرق وأساليب وإجراءات فنية للتحقق من جدية العمليـات المحاسـبية و التأكد من دقتها وسلامة التبويب لها.

- شمل النظام المحاسبي على مجموعة مستندية (داخلية وخارجية) محددة.

- قيد العمليات المحاسبية أولاً بأول, و يتطلب ذلك مجموعة دفترية مناسبة لحجم المنشأة.

- اتباع مبدأ تقييم العمل.

- يجب أن يعتمد النظام المحاسبي على مجموعة مناسبة من التقـارير و القوائم الماليـة (تاريخيـة- جارية-مستقبلية).

- يجب أن يتمشى النظام المحاسبي مع الهيكل التنظيمي للمنشـأة, فهـو إجـراء و تحقيـق محاسـبة المسؤولية.

3) الإجراءات التفصيلية لتنفيذ الواجبات :

يجب مراعاة تقييم الواجبات بين الدوائر المختلفة بحيث لا يستأثر شخص واحد بعملية مـن أولهـا لآخرها.

4) إختيار الموظفين الأكفاء ووضعهم في المراكز المناسبة:

و ما يتضمن ذلك من وصف دقيق لوظائف المشروع المختلفة و برنامج مرسوم لتدريب العاملين في المشروع بما يتضمن حسن اختيارهم ووضع كل موظف في المكان المناسب.

5) رقابة الأداء في إدارات المشروع و مراحله المختلفة و ذلك لتحقيق كفاية عالية فيه:

ومما يجب ملاحظته ضرورة الالتزام بمستويات أداء مخطط لها و مرسومة, وإذا ما وجد أي انحراف عن هذه المستويات فيجب دراسته ووضع الإجراءات الكفيلة بتصحيحه. و تـتم أداء الرقابـة إمـا بالطريقـة المباشرة أو غير المباشرة.

6) استخدام كافة الوسائل الآلية:

و يـتم ذلـك بطريقـة تكفـل التأكـد مـن صحـة و دقة البيانـات المحاسبية المسـجلة في الـدفاتر و السجلات, و المحافظة على أصول المشروع من أي تلاعب أو اختلاس.

كما أن المعهد الأمريكي للمحاسبين القانونيين قسم مقومات الرقابة إلى الأقسام الخمسة التالية :

أ) البيئة الرقابية: و التي اعتبرها كالمظلة التي تضم تحتها بقية أجزاء النظام و هي تمثل ما بينته المعايير الدولية.

ب) الإجراءات الرقابية: و هي تماثل ما تم ذكره أعلاه حسب المعايير الدولية.

ج) **تقييم المخاطر**: و يقصد بها قيام العمل بتقييم المخاطر التي تتعلق بإعداد القوائم المالية لمراعاة الالتزام بالمعايير المحاسبية

د) **نظام المعلومات و التوصيل**: وهو يُماثل ما تم ذكره في المعايير الدولية باسم النظام المحاسبي.

ه) **الإشراف و التوجيه** : و يشمل الإجراءات اللازمة لمتابعة تطبيق مختلف الجوانب الرقابية للتحقيق من إنها تعمل حسب ما خطط لها.

إجراءات فهم الرقابة الداخلية:

هي الإجراءات التي يقوم بها المدقق من أجل جمع أدلة عن تصميم و عمل نظام الرقابة الداخلية و كافة مكوناته في مرحلة الفهم و تسمى إجراءات فهم الرقابة الداخلية, حيث أن هذا النظام يستخدم كأساس لعملية التخطيط للتدقيق, بحيث أن المدقق يقوم بتقدير مخاطر الرقابة تقديراً أولياً, فإن قام بتقييم المخاطر بأقل من الحد الأعلى فإنه يقوم بتنفيذ اختبارات الرقابة و التي بدورها تمكن المدقق من تعديل مخاطر الرقابة و التي تم تحديدها أولياً و بالتالي وضع تصور أفضل لمخاطر الرقابة المخططة وتحديد درجة الاعتماد على النظام لغايات تحديد حجم الاختبارات التفصيلية للأرصدة, و بشكل عام فإن فهم المدقق للرقابة الداخلية وتقييم مخاطر النظام يخدم المدقق في المجالات التالية:

1) حتى يتمكن المدقق من التأكد من إمكانية توفر أدلة كافية و مناسبة تمكنه من إنجاز مهمة التدقيق و بالتالي اتخاذ قرار بالموافقة على عملية التدقيق أو الإمتناع عنها.

2) تمكين المدقق من تحديد الانحرافات المحتملة.

3) تمكين المدقق من تقدير مخاطر الاكتشاف المخططة حسب نموذج المخاطر المستخدمة.

4) تمكين المدقق من تصميم الاختبارات التفصيلية للأرصدة بشكل كافي ونناسب.

المحاسبة والرقابة على عنصر تكلفة العمل

يمثل عنصر تكلفة العمل كل ما يحصل عليه جميع العاملين في الوحدة الاقتصادية من أجـور نقديـة وعينية أخرى ومن ذلك ما يلي:

أولا : تحديد تكلفة العمل

يقصد بتحديد تكلفة العمل حساب قيمة إجمالي الأجور المستحقة للعاملين والتي تتحملها الوحـدة الاقتصادية مقابل الوقت الذي يقضيه العاملون فيها.

ويقتضي تحديد تكلفة العمل إتباع الخطوات الآتية:

1) تسجيل الوقت الذي يستحق العامل عنه الأجر : يهدف تسجيل الوقت إلى تحديد ساعات العمل التي قضاها كل عامل بالمصنع تمهيدا لتحديد الأجور الإجمالية لكل منهم ثم حساب الاستقطاعات للوصول إلى صافي الأجر المستحق وينقسم تسجيل الوقت إلى :

أ. تحديد أوقات حضور وانصراف العمال عن طريق دفتر حضور وانصراف أو بطاقة تسجيل الوقت ، أو الحلقات المعدنية وهذا يفيد في معرفة الوقت الرسمي الذي قضاه العامل داخل المصنع ويستحق عنه الأجر.

ب. تحديد الوقت الذي قضاه العامل في الإنتاج : ويتم ذلك عن طريق بطاقة الشغلة (تقريـر العمل اليومي) والغرض من استخدام هذه البطاقة هـو تحديد الوقت الـذي يقضيه كـل عامـل في أداء العمليـات الصـناعية المكلـف بهـا، ويـتم التسـجيل في هـذه البطاقـة بمعرفة المسؤول أو المشرف على العمال.

ثانيا : نظم دفع الأجور

1) طريقة الأجر الزمني :

يحدد أجر العامل وفقا لذلك على أساس الوقت الذي يقضيه العامل بالمصنع بصرف النظر عن كمية الإنتاج ،وقد تكون وحدة الوقت ساعة أو يوم أو شهر .

وهذه هي الطريقة الشائعة في كثير من المصانع لعمل يمتاز به من البساطة والسهولة في حساب الأجر ، وتجد قبولا من العامل وصاحب العمل . ويلاءم استخدامها في الصناعات التي تتطلب مهارة فنية خاصة كما في الصناعات الدقيقة وفي ورش الصيانة وكذلك عندما يصعب قياس مقدار العمل الذي أداه العامل .

مثال : أجر العامل (س) في الساعة 10 دينار و بلغت ساعات العمل الأسبوعية 48 ساعة ،أحسبي الأجر المستحق للعامل.

الأجر المستحق للعامل = 48 × 10 = 480 ريا

ورغم سهولة هذه الطريقة وقلة تكاليفها إلا أن لها عيوب كثيرة منها:

1) حيث أن العمال يتقاضون نفس الأجر ، فإن عدم التفرقة بين العامل النشيط والعامل الكسول يقتل روح النشاط والحماس عند العامل النشيط ويدعوه إلى الكسل.

2) زيادة الوقت الضائع بسبب تباطؤ العمال وعد الاهتمام بزيادة الإنتاج.

3) تقل الكميات المنتجة وبالتالي تزداد التكاليف بالنسبة لكل وحدة ، مما يتطلب مضاعفة الرقابة على العمال والتشدد في ملاحظتهم واستعجالهم من أجل زيادة الإنتاج.

2) طريقة الأجر بالقطعة:

بموجب هذه الطريقة يدفع للعامل أجرا محددا عن كل وحدة إنتاج يقوم بإنتاجها ، ويمكن إتباع هذه الطريقة حينما يتيسر قياس الكمية المنتجة . ويرى البعض أن هذه الطريقة تؤدي على ضعف المستوى الفني في الإنتاج (الجودة) وزيادة الوحدات التالفة وتعرض الآلات للتلف نظرا للاستعمال المستمر لها وإهمال صيانتها غلا أنه عن طريق الإشراف المستمر وفحص المنتجات التامة يمكن تلافي العيوب السابقة وتحقيق مزايا عديدة منها:

أ)   التفرقة بين العمال من حيث كفاءتهم.

ب)   إظهار روح المنافسة بين العمال ودفع العمال الكسالى إلى مضاعفة جهودهم.

ج)   عدم دفع أجر عن الوقت الضائع إذ لا تدفع الأجور إلا في مقابل الإنتاج.

د)   انخفاض تكلفة الوحدة المنتجة لزيادة الكميات المنتجة لوجود حافز لدى العمال إلى ذلك.

تفرعت طرق كثيرة لدفع الأجور قصد بها تفادي عيوب الطريقتين السابقتين وبحيث تشجع العمال على زيادة إنتاجهم ومضاعفة جهودهم وتحسين عملهم ، ومن هذه الطرق:

أ)   **طريقة تايلور (أو نظام أجر القطعة التفضيلي):**

بدأ تايلور طريقته على أساس دراسة الحركة والزمن وتحديد مستوى نموذجي للإنتاج يضمن تشجيع العامل الكفء وتمييزه عن الأقل كفاءة بحيث تعلو فئة أجر العامل تدريجيا كلما زاد عدد الوحدات التي ينتجها عن حد معين في العمل . لذلك يحدد معدلان لأجر القطعة أحدهما مرتفع للعامل النشيط و آخر منخفض للعامل البطيء . وهي في

- 133 -

نفس الوقت لا تضمن للعامل الأقل من المتوسط أي حد أدنى من الأجر (أي يحصل على أجر القطع التي أنتجها أي كان المبلغ) حتى لا يتراخى العامل الكسول لعلمه بوجود حد أجر معين سيحصل عليه أي كان عدد الوحدات التي ينتجها.

مثال:

بفرض أن متوسط الإنتاج هو 16 قطعة يوميا . العامل الذي ينتج 16 قطعة أو أقل يوميا يكون أجر القطعة 10 دينار ، والعامل الذي ينتج أكثر من 16 قطعة يكون أجره في القطعة 15 دينار .

بفرض أن العامل (أ) أنتج 14 قطعة ، العامل (ب) أنتج 16 قطعة ، العامل (ج) أنتج20 قطعة.

أحسبي الأجر المستحق لكل عامل ؟

- الأجر المستحق للعامل (أ) = 14 × 10 140 = دينار
- الأجر المستحق للعامل (ب) = 16 × 10 = 160 دينار
- الأجر المستحق للعامل (ج) = 20 ×15 = 300 دينار

ب) طريقة هلسي :

تضمن هذه الطريقة للعامل أجرا زمنيا ثابتا وتحدد وقتا معينا لإنجاز العمل (على أساس العامل المتوسط) . فإذا أتم العامل إنتاجه قبل الوقت المحدد فإنه يمنح علاوة تحسب كنسبة من الوقت المقتصد.

مثال :

بفرض أن الزمن المعياري لأداء العمل هو 18 ساعة ، وقد أتم العامل (س) العمل في 16 ساعة ، وكان معدل أجر العامل في الساعة 20 دينار ويمنح المصنع علاوة 50 % من أجر الوقت المقتصد ، المطلوب : حساب الأجر المستحق للعامل (س).

الأجر المستحق للعامل (س) = أجر الوقت الفعلي + المكافأة (الزمن المتوفر × النسبة × أجر الساعة الوقت المقتصد = 18-16 2 ساعة

أجر الوقت الفعلي = عدد الساعات الفعلية × أجر الساعة = 16 × 20 = 320 دينار

- أجر الوقت المقتصد = 2 × 20 = 40 دينار
- المكافأة = 40 × 50 % = 20 دينار
- الأجر المستحق للعامل = 320 + 20 = 340 دينار

ج) **طريقة روان :**

تعتبر طريقة روان متشابهة في خواص كثيرة مع طريقة هلسي، ولكنها تختلف فقط في طريقة احتساب المكافأة ، فهي تضمن للعامل أجره الزمني الثابت وتمنحه مكافأة عما يقتصده من وقت وتكون المكافأة بنسبة الوقت المقتصد إلى الوقت المتوسط (المعياري).

مثال :

بالرجوع إلى المثال السابق الأجر المستحق للعامل = أجر الوقت الفعلي + المكافأة (الوقت المقتصد × الوقت الفعلي × أجر الساعة).

الوقت المعياري

- أجر الوقت الفعلي = 16 × 20 = 320 دينار
- الوقت المقتصد = 18 -16 2 = ساعة
- المكافأة = 2 / 18 × 16 × 20 = 35.56 دينار
- الجر المستحق للعامل = 320 355.56 = 35.56 + دينار

ثالثا : بعض المشاكل المحاسبية عند حساب الأجور:

1) أجور الوقت الضائع:

أ. أجور الوقت الضائع العادي : تعتبر عبء على الإنتاج ويعالج باعتباره تكاليف صناعية غير مباشرة ويظهر ضمن الأجور غير المباشرة.

ب. أجور الوقت الضائع غير العادي : تعتبر خسارة مالية يجب التحقق عن المسؤول عنها ثم احتساب قيمتها و تحميلها على المسؤول عنها أو ترحل لحساب الأرباح والخسائر.

2) أجر الوقت الإضافي :

يتطلب العمل في بعض الأحيان تشغيل بعض العمال وقتا إضافيا مقابل منحهم أجورا بمعدل أعلى من الأجور العادية ،وتعالج الأجور الإضافية بإحدى الطريقتين الآتيتين:

أ. أن تعتبر الأجور الإضافية كلها تكلفة عمل مباشر.

ب. أن تعتبر زيادة معدل أجر العمل المباشر خلال الزمن الإضافي ضمن تكلفة العمل غير المباشر أما الأجر عن المدة العادية + المدة الإضافية محسوبة بالمعدل العادل فتعتبر ضمن تكلفة العمل المباشر.

مثال :

تبلغ ساعات العمل العادية 8 ساعات في اليوم ، وأجر الساعة 10 دينـار ، عـلاوة الأجـر الإضـافي 2.5 دينار ، بفرض أن العامل (أ) قد أشتغل في احد الأيام لمدة 12 ساعة .

المطلوب : حساب الأجر المستحق للعامل وتحليله إلى مباشر وغير مباشر.

الحل:

- أجر الساعات العادية = 8 × 10 = 80 دينار
- أجر الساعات الإضافة للعامل = 4 × 10 = 40 دينار
- علاوة عمل إضافي = 4 × 2.5 = 10 دينار
- الأجر المستحق للعامل 130 = 10 + 40 + 80 = دينار

فإذا اتبعنا الطريقة الأولى في تحليل الأجور فإنها تعتبر :

- تكلفة العمل المباشر = 130 دينار

ويعيب هذه الطريقة أن الوحدات التي أنتجت خلال الوقت الإضافي سيرتفع متوسـط تكلفتهـا عـن الوحدات التي أنتجت خلال الزمن العـادي . إلا أن هـذه الطريقـة يفضـل إتباعهـا إذا كـان الأجـر الإضـافي مدفوعا عن أداء عمل لطلبية معينة طلب انجازها بسرعة مما تطلب تشغيل العمال خصيصا لهذه الطلبيـة في غير أوقات العمل العادية.

أما إذا اتبعنا الطريقة الثانية في تحليل الأجور فإن:

- تكلفة العمل المباشر = 120 دينار
- تكلفة العمل غير المباشر = 10 دينار ، يحمل لحساب تكاليف صناعية غير مباشرة.

ملاحظة مهمة : تتحمل المنشأة بإجمالي الأجور :أي أن حساب الأجور يكون مدين بكافة الأجور المدفوعة في المنشأة (مباشرة ، غير مباشرة) + الاستقطاعات.

مثال :

بلغت الأجور المباشرة 100000 دينار والأجور غير المباشرة 30000 دينار والاستقطاعات 5000 دينار .

حساب الأجور يكون مدين بـــ 100000 135000 = 5000+ 30000 + دينار.

مثال :

فيما يلي بيانات ومعلومات مستخرجة من دفاتر مصنع النور للإنتاج المعدني عن الأسبوع المنتهي في 6/15 .

- اسم العامل عدد ساعات العمل معدل أجر الساعة
- أحمد 32 10
- حسين 1550
- عبد الله 52 12.5
- مصطفى 55 10
- أنور 36 15

فإذا علمت :

1) عدد ساعات عمل عادية للعامل 40 ساعة أسبوعياً ويتقاضى العامل علاوة أجر إضافي 40 %عن كل ساعة عمل إضافي .

2) تغيب أحمد عن العمل لمدة يومين بعذر طبي مقبول وتقرر منحه إجازة ممولة عن هذه الفترة مبلغ 100 دينار .

3) فرض جزاء على أنور لإهماله في العمل وغيابه بدون عذر وتقرر جزاءه بخصم قدره 25 دينار .

4) يخصم على كل عامل تأمينات اجتماعية 50 دينار أسبوعياً و 5% ضرائب عن إجمالي الاستحقاقات.

المطلوب :

1) تحديد صافي الأجر المستحق لكل عامل والذي يستلمه أسبوعياً .

2) تحديد إجمالي الأجور التي تتحملها المنشأة خلال الأسبوع ، مع تحليلها إلى أجور مباشرة وغير مباشرة.

الحـــــل :

1) تحديد الأجور المستحقة والاستقطاعات وصافي الأجر لكل عامل عن طريق إعداد كشف الأجور مثل اسم العامل الأجور المستحقة الاستقطاعات صافي الأجر أجر عادي أجر إضافي بدلات مكافآت إجمالي تأمين اجتماعي ضرائب غرامة إجمالي عدد الساعات أجر الساعة قيمة عدد الساعات علاوة إضافية قيمة:

- أحمد 32 10 320 100 420 50 21 34971
- حسين 50 15 750 10 6 60 810 50 40.5 90.5 719.5
- عبدالله 52 12.5 650 12 624.55 85.5 35.5 50 710 60
- مصطفى 55 10 550 15 4 60 610 50 30.5 529.580.5
- أنور 36 15 540 540 50 27 25 102 438
- المجموع 3090 المجموع 2660.5429.5

2) إجمالي الأجور التي تتحملها المنشأة = 3090 وهـي عبـارة عـن إجـمالي الأجـور المسـتحقة (= صـافي الأجور + الاستقطاعات).

3) نتبع الطريقة الثانية في تحليل الأجور عدد ساعات العمل (عادي + إضافيي) × أجر السـاعة يعتـبر مباشر عدد الساعات الإضافية × علاوة أجر إضافي يعتبر غـير مبـاشر أجـر الإجـازة المدفوعـة (100) دينار تعتبر أجور غير مباشرة تحليل الأجور :

أ. الأجور المباشرة = 320 + 750 + 650 + 550 + 540 = 2810

ب. الأجور غير المباشرة = 60 + 60+ 60 + 100 = 280

ملاحظات على الحل:

1) يتم احتساب علاوة الأجر الإضافي لكل عامل

- أحمد : لا توجد لديه ساعات عمل إضافية
- حسين : علاوة الأجر = 15 × 40 % = 6
- عبدالله : علاوة الأجر = 12.5 × 40% = 5
- مصطفى : علاوة الأجر = 10 × 40 % = 4
- أنور : لا توجد لديه ساعات عمل إضافية

2) من المعطيات في التمرين يتم تحديد التكلفة الخاصة بكل عامل ووضعها تحت العمود الخاص بها.

الرقابة على المستلزمات السلعية

دورة حياة المواد :

أولا : طلب الشراء

تبدأ عملية الشراء بصدور طلب الشراء من إدارة المخازن (الجهة الطالبة) و يوجه هذا الطلب إلى إدارة المشتريات ويحرر أصل وصورتين ، صورة للقسم الطالب والأصل لإدارة المشتريات ، وصورة يحتفظ بها ، وأهم بياناته (اسم الجهة الطالبة ، تاريخ الطلب ، رقم الطلب ، رقم الصنف ، الكمية ، المواصفات ، توقيع القسم الطالب).

ثانيا : أمر الشراء:

بناء على طلب الشراء تصدر إدارة المشتريات أمر الشراء للمورد ليقوم بتوريد الكمية المطلوبة من الأصناف المختلفة بالشروط المتفق عليها وفي الوقت المحدد ، ويحرر أمر الشراء من أصل وخمس صور ، الأصل للمورد والصور لـ (المشتريات ، القسم الطالب، الاستلام والفحص ، المخازن ، الحسابات) يتضمن أمر الشراء البيانات الآتية : رقم الأمر، التاريخ ، اسم المورد وعنوانه ، أنواع ومواصفات المواد ، الكميات المطلوبة ، سعر الوحدة، شروط التسليم والدفع .

ملاحظة : الفرق بين أمر الشراء وطلب الشراء أن أمر الشراء يكون بالسعر والكمية أما طلب الشراء فيكون بالكمية فقط .

ثالثا : استلام وفحص المواد :

يبدأ المورد بتوريد البضاعة إلى مخازن الشركة عند وصول البضاعة إلى المخازن تقوم لجنة بالاستلام والفحص (العد ، الوزن) لتتأكد من أن الكميات الواردة هي الكميات المسجلة لأمر الشراء.

ويتم الفحص بحضور مندوب المشتريات ، أمين المخزن ، المندوب المالي ، ومهندس الإنتاج في حالة أن الصنف جديد ، وإذا لم يكن جديد لا يحتاج لوجود مهندس .

ويوضح تقرير الاستلام والفحص المواد التالفة إن وجدت وتعاد إلى المورد مع توضيح أسباب رفض هذه المواد ، ويحرر هذا التقرير من أصل وثلاث صور، الأصل لإدارة المشتريات والصور لــــ (المخازن ، الحسابات، إدارة الاستلام والفحص).

رابعا : تخزين المواد:

تستلم المخازن المواد من قسم الاستلام والفحص وتقوم بتخزينها وتسجيلها في بطاقة الصنف وتشتمل على البيانات الآتية : رقم الصنف ، إسم الصنف ، مواصفات الصنف ، نقطة إعادة الطلب ، الكميات الواردة والمنصرفة ، كمية الرصيد بعد كل عملية وارد ومنصرف ، تاريخ حركة الوارد والمنصرف . ويمسك هذه البطاقة أمين المخزن ويسجل فيها حركة المواد (واردة ومنصرفة) بالكميات فقط.

أما بطاقة حساب الصنف التي تحتفظ بها إدارة التكاليف في دفتر أستاذ مساعد المخازن يسجل بها حركة الصنف بالكمية والسعر معا.

تسعير المستلزمات السلعية :

تتضمن عملية تسعير المستلزمات السلعية تحديد تكلفة شراء هذه المستلزمات من ناحية ، ومن ناحية أخرى اختيار وتحديد سياسة تسعير ملائمة للمستلزمات السلعية المنصرفة وما يترتب على ذلك من تأثير على تكلفة الوحدة الواحدة المنتجة وعلى قيمة المستلزمات الباقية في نهاية الفترة .

1) تحديد تكلفة المستلزمات السلعية:

تشتمل على جميع النفقات التي صرفت في سبيل الحصول على المستلزمات السلعية مثل تكلفة الشراء (ثمن الشراء – الخصم التجاري) ، مصروفات النقل ، رسوم جمركية ، تأمين.

و بالتالي عند شراء المواد يجب إضافة ثمن الشراء (الصافي) + المصروفات الأخرى التي أنفقت عليها حتى تصبح في مخازن المنشأة ، ثم قسمتها على إجمالي عدد الوحدات المشتراة لتحديد تكلفة الوحدة الواحدة.

مثال :

أشترت المنشأة 1000 وحدة من الصنف (س) ، وبلغت الفاتورة (ثمن الشراء) 9000 دينار ، وبلغت تكاليف الشحن 500 دينار ، والرسوم الجمركية 1500 دينار .

المطلوب : تحديد تكلفة الوحدة الواحدة .

الحل:

تكلفة الوحدة الواحدة = 9000 + 500 + 1500 = 11100 دينار

وفي تحديد تكلفة المستلزمات السلعية تظهر مشكلة الخصم على الفاتورة وهل ينظر إليه على أنه تخفيض من ثمن التكلفة أم أنه إيراد للمنشأة ؟

ويجب هنا التفرقة بين نوعين من الخصم:

أ)   **الخصم التجاري** : ويعتبر تخفيض من الثمن الأصلي . أي أن سعر البضاعة الواردة في الفاتورة هو السعر الأصلي ناقصا الخصم التجاري.

ب) **الخصم النقدي** : لا يخفض ثمن الشراء ، وإنما يعتبر سياسة إدارية (السداد في الموعد) وبالتالي فإنه يعتبر إيراد يرحل لحساب الأرباح والخسائر .

(تثبت المواد بسعر الشراء بدون احتساب الخصم النقدي).

مثال :

اشترت المنشأة 1000 وحدة من المادة (أ) بسعر الوحدة 10 دينار ، وبخصم تجاري 10 % وخصم نقدي 5 % إذا تم السداد خلال أسبوع ، وقد بلغت مصروفات النقل 1000 دينار والرسوم الجمركية 2000 دينار ، و مصاريف التأمين 1000 دينار .

المطلوب : تحديد تكلفة الوحدة الواحدة من المادة (أ).

الحل :

- الخصم التجاري = 10 % × 10 = 1دينار
- السعر الفعلي = 10 – 1 = 9 دينار / للوحدة
- إجمالي المصاريف = 1000 + 2000 + 1000 = 4000 دينار
- نصيب الوحدة من المصاريف = 4000 = 41000 دينار
- تكلفة الوحدة الواحدة = 9 + 4 13 = دينار

ج) تسعير المستلزمات السلعية المنصرفة من المخازن وتحديد قيمة المخزون في نهاية الفترة

توجد عدة طرق للتسعير منها:

- السعر الفعلي.
- ما يرد أولا يصرف أولا .
- ما يرد أخيرا يصرف أولا.
- طريقة المتوسط المتحرك (المرجح).

أولا : طريقة السعر الفعلي:

تستخدم هذه الطريقة في حالة إمكانية تمييز كل كمية مـن الكميـات التـي تـرد إلى المخازن عـن بعضها البعض، أو في حالة شراء مستلزمات سلعية معينة خصيصا لأمر إنتاج معين أو عمليـة معينـة . وهنا يتم تسعير هذه الأصناف المنصرفة طبقا لتكلفتها الفعلية.

ثانيا : طريقة الوارد أولا يصرف

- تقوم هذه الطريقة على أساس تسعير كل كمية منصرفة بسعر أقدم الرسـالات (الكميـات) التـي وردت للمخازن حتى تنتهي الكمية (دفتريا)، ثم تسعر الكمية المنصرفة بعد ذلك بالسـعر التـالي لسعر الكمية الأولى وهكذا.

- وفي حالة إرجاع جزء من المستلزمات السلعية التي سبق صرفها إلى المخازن مرة أخرى فإنها تسـعر بنفس السعر الذي صرفت به ، و إذا كانت الكمية المرتجعة قد سبق صرفها بسعرين فإنها تسـعر بأحدث سعر سبق احتسابه في تلك الطلبية.

- المواد المرتدة للمورد تسعر على أساس نفس السعر الذي تم الشراء به ، مع ملاحظة تطبيق سياسة التسعير المتبعة في حالة عدم وجود سعر الشراء الأصلي ضمن الرصيد في تاريخ الإرجاع.

من مزايا هذه الطريقة : المواد الباقية في المخازن في نهاية الفترة تسعر علـى أسـاس أحـدث الأسـعار مما يؤدي إلى إظهار المركز المالي للمشروع بصورة سـليمة، حيث أن قيمة المخـزون السـلعي سـوف تكـون ملائمة (مساوية) لقيمتها السوقية.

من عيوب هذه الطريقة : أن تكاليف الإنتاج سـوف تكـون محـددة (مسـعرة) بالأسـعار القديمـة وبالتالي لا تتماشى مع الأسعار السائدة في السوق.

ثالثا : طريقة الوارد أخيرا يصرف

- طبقا لهذه الطريقة تسعر الوحـدات المنصرفة مـن المخـازن علـى أسـاس أحـدث سـعر للكميات المشتراه ،وهذه الطريقة تعني أنه يتم تسعير المواد فقط حسب آخر سعر

كمية واردة ، وليس أن صرف المواد يبدأ من آخر كمية وردت ، لأن التخزين السليم يقتضي أن يبدأ بصرف المواد التي وردت أولا.

- أي أن تسعير المواد يكون حسب أحدث الأسعار الواردة ومتى ما انتهت الكمية (دفتريا) يتم الصرف من أسعار الكميات السابقة ، وهكذا..

- عند إرجاع جزء من المواد التي سبق صرفها للإنتاج إلى المخازن فإنها تسعر بنفس السعر الذي صرفت به، أما إذا سبق صرفها بسعرين فيتم تسعيرها على أساس أحدث الأسعار التي تم التسعير على أساسها.

من مزايا هذه الطريقة : أن تكلفة الإنتاج سوف تتماشى (تتلاءم) مع مستوى الأسعار السائدة في السوق مما يؤدي إلى تحديد الأسعار على أساس سليم.

من عيوبها : أن المخزون الباقي في نهاية المدة من المستلزمات السلعية سوف يظهر بقيمة تختلف عن أسعار السوق ، وبالتالي لن يساعد على إظهار المركز المالي بشكل سليم.

رابعا : طريقة المتوسط المرجح (المتحرك):

تقوم هذه الطريقة على افتراض أن كل كمية تصرف من المخازن إنما تصرف بالتساوي من جميع الرسالات (الكميات) التي وردت للمخازن وما زالت موجودة بها . على ذلك يتم التسعير بناء على متوسط تكلفة شراء هذه الكميات جميعها.

ويتم استخراج متوسط التكلفة المتحرك (المرجح) عقب كل عملية ورود لكميات جديدة . متوسط التكلفة المرجح = تكلفة الكمية الموجودة في الرصيد + تكلفة الكمية الواردة كمية الرصيد + كمية الوارد.

مثال :

بلغ رصيد المخازن 500 وحدة بسعر 10 دينار للوحدة ، وورد للمخازن 200 وحدة بسعر 15 دينار للوحدة . يتم حساب متوسط التكلفة المرجحة كما يلي:

- تكلفة الرصيد 5000 = 10 × 500 = دينار
- تكلفة الوارد = 200 × 15 = 3000 دينار
- المتوسط المرجح = (5000 + 3000) / (500 + 200)
- 11.47 = 700 / 8000 =دينار للوحدة

أي أن المواد التي ستصرف للإنتاج تسعر بهذا السعر الأخير إلى أن ترد كميات أخرى ويتم استخراج متوسط جديد وهكذا.

المواد المرتجعة إلى المخازن من الأقسام الإنتاجية ، والمواد المرتدة للمورد تسعر طبقا لأحدث متوسط سعر حتى لا يتم تعديل المتوسط . وتتم عملية التسوية لفروق المتوسطات والتكلفة في نهاية كل فترة تكاليفه.

من مزايا هذه الطريقة: أنها تقلل أثر التقلبات التي تحدث في أسعار المواد على تكلفة الإنتاج ، وعلى قيمة المخزون السلعي ، وبالتالي ستكون تكلفتهم قريبة من السعر السائد في السوق.

من عيوبها : كثرة العمليات الحسابية لاستخراج متوسطات الأسعار .

جـــرد المواد :

يقتضي النظام السليم لتنظيم وإدارة المخازن الاحتفاظ بسجلين لكل نوع من المواد على النحو التالي :

1) بطاقة الصنف : ويحتفظ بها لدى أمين المخزن ويتم التسجيل بها فقط على أساس الكميات.

2) حساب (بطاقة مراقبة) الصنف : يحتفظ بها لدى إدارة التكاليف ، ويتم التسجيل بها على أساس القيمة والكمية.

ومن مقارنة أرصدة الكميات في البطاقتين يمكن تحديد الرصيد الدفتري للمواد واكتشاف الأخطاء ، إلا أن هذا الأسلوب لا يحقق الرقابة الفعالة على المخزون ، لذا لا بد من الجرد الفعلي (العد الفعلي لكميات المواد الموجودة في المخازن) ، ومن ثم مقارنة الرصيد الدفتري بالرصيد الفعلي.

وقد يترتب على عملية المقارنة وجود بعض الاختلافات أو الفروق بالزيادة أو النقص ويتم معالجتها بتعديل أرصدة الكميات في بطاقة الصنف ، وحساب الصنف كما يلي:

1) إذا كانت كمية الرصيد الفعلي أقل من رصيد الرصيد الدفتري (عجز) فإن الفرق يثبت في خانة المنصرف بلون حبر مختلف ويطرح من الرصيد.

2) إذا كانت كمية الرصيد الفعلي أكبر من الرصيد الدفتري (زيادة) فإن الفرق يثبت في خانة الوارد بلون حبر مختلفة ويضاف إلى الرصيد.

وتتمثل الخطوة التالية في تحليل فروق الجرد للوقوف على أسبابها بهدف اتخاذ الإجراءات اللازمة لمعالجتها:

■ قد تتعرض المواد بسبب طبيعتها إلى الفقد أو التلف لجزء منها ففي بعض الصناعات مثل صناعة الخشاب أو الصناعات الكيماوية ، ومستحضرات التجميل تتعرض المواد للفقد أو التلف العادي . ففي مثل هذه الحالة تعتبر تكلفة المواد أحد بنود تكاليف الإنتاج وتعالج باعتبارها أحد بنود التكاليف الصناعية غير المباشرة.

■ وفي بعض الحالات قد تتعرض المواد للضياع أو التلف بسبب الإهمال أو الإسراف أو سوء التخزين ، بما لا يمكن اعتباره جزءا من تكلفة الإنتاج ، فتعتبر تكلفة هذه المواد خسارة عامة ترحل إلى حساب الأرباح والخسائر.

مثال :

فيما يلي بعض البيانات المتعلقة برصيد حركة صنف (ص) عن شهر صفر عام 2005ـ.

- 1/2كان رصيد الصنف 2000 وحدة سعر 20 دينار للوحدة.

- 5/2وردت 3000 وحدة بتكلفة 80000 دينار بخصم تجاري 10% كما بلغت المصروفات الخاصة بالنقل والتأمين 1800 ، 1200 على التوالي.

- 8/2صرفت للعملية (أ 3500) وحدة.

- 10/2طلب شراء 2500 وحدة بسعر 26 دينار للوحدة .

- 15/2وردت 1500 وحدة بسعر 22 دينار للوحدة .

- 20/2صرف للعملية (ب) 2000 وحدة .

- 22/2ارتجع للمخازن 1000 وحدة من الكمية السابق صرفها يوم 2/8

- 23/2حولت 500 وحدة من العملية (ب) إلى العملية (أ)

- 25/2وردت الكمية السابق طلبها بتاريخ 2/10

- 28/2ردت المنشأة 500 وحدة للمورد من أصل الكمية الواردة في يوم 2/15

- 29/2صرف للعملية (أ) 1000 وحدة .

- 30/2تم إجراء جرد فجائي للمخزن فكشف وجود عجز 200 وحدة أعتبر عجز طبيعي.

الفصل الثامن
الفساد كيفية الرقابة عليه
(الشفافية)

الفساد كيفية

الرقابة عليه (الشفافية)

تعريف الفساد

سوء استعمال الوظيفة في القطاع العام لتحقيق مكاسب شخصية ولا تميز المنظمة بين الفساد الإداري والفساد السياسي، أو بين الفساد الصغير والفساد الكبير. وترى أن عمليات الفساد تسلب من البلدان طاقاتها وتمثل عقبة أداء في طريق التنمية المستدامة. تأسست في العام 1993 وتتخذ من برلين (ألمانيا) مقراً لها، إذ تعمل هذه المنظمة غير الحكومية على كبح جماح الفساد على مستوى العالم.

تعد ظاهرة الفساد ظاهرة قديمة قدم المجتمعات الإنسانية، فقد ارتبط وجود هذه الظاهرة بوجود الأنظمة السياسية والتنظيم السياسي، وهي ظاهرة لا تقتصر على شعب دون آخر أو دولة أو ثقافة دون أخرى.

وتتفاوت ظاهرة الفساد من حيث الحجم والدرجة بين مجتمع وآخر، وبالرغم وجود الفساد في معظم المجتمعات السياسية إلا أن البيئة التي ترافق بعض أنواع الأنظمة السياسية كالأنظمة الاستبدادية الدكتاتورية تشجع على بروز ظاهرة الفساد وتغلغلها أكثر من أي نظام آخر، بينما يقل حجم هذه الظاهرة في الأنظمة الديمقراطية التي تقوم على أسس من احترام حقوق الإنسان وحرياته العامة وعلى الشفافية والمساءلة والمسائلة وسيادة القانون.

وبالرغم من أن الأسباب الرئيسية لظهور الفساد وانتشاره متشابهة في معظم المجتمعات إلا أنه يمكن ملاحظة خصوصية في تفسير ظاهرة الفساد بين شعب وآخر تبعاً لاختلاف الثقافات والقيم السائدة، كما تختلف النظرة إلى هذه الظاهرة باختلاف الزاوية

التي ينظر اليها من خلال وذلك ما بين رؤية سياسية أو اقتصادية أو اجتماعية، وهو ما يبرز الاختلاف في تحديد مفهوم الفساد.

ظاهرة الفساد

تتجلى ظاهرة الفساد بمجموعة من السلوكيات التي يقوم بها بعض من يتولون المناصب العامة، وبالرغم من التشابه أحيانا والتداخل فيما بينها إلا انه يمكن إجمالها كما يلي:

1) **الرشوة (Bribery):** أي الحصول على أموال أو أية منافع أخرى من اجل تنفيذ عمل او الامتناع عن تنفيذه مخالفةً للاصول.

2) **المحسوبية (Nepotism):** أي تنفيذ أعمال لصالح فرد أو جهة ينتمي لها الشخص مثل حزب أو عائلة أو منطقة...الخ، دون أن يكونوا مستحقين لها.

3) **المحاباة (Favoritism):** أي تفضيل جهة على أخرى في الخدمة بغير حق للحصول على مصالح معينة.

4) **الواسطة (Wasta):** أي التدخل لصالح فرد ما، أو جماعة دون الالتزام بأصول العمل والكفاءة اللازمة مثل تعيين شخص في منصب معين لاسباب تتعلق بالقرابة أو الانتماء الحزبي رغم كونه غير كفؤ أو مستحق.

5) **نهب المال العام:** أي الحصول على أموال الدولة والتصرف بها من غير وجه حق تحت مسميات مختلفة.

6) **الابتزاز (Black mailins):** أي الحصول على أموال من طرف معين في المجتمع مقابل تنفيذ مصالح مرتبطة بوظيفة الشخص المتصف بالفساد.

أسباب تفشي ظاهرة الفساد

تتعدد الأسباب الكامنة وراء بروز ظاهرة الفساد وتفشيها في المجتمعات بالرغم من وجود شبه إجماع على كون هذه الظاهرة سلوك إنساني سلبي تحركه المصلحة الذاتية، ويمكن إجمال مجموعة من الأسباب العامة لهذه الظاهرة التي تشكل في مجملها ما يسمى بمنظومة الفساد، إلا انه ينبغي الملاحظة بان هذه الأسباب وان كانت متواجدة بشكل أو بآخر في كل المجتمعات إلا أنها تتدرج وتختلف في الأهمية بين مجتمع واخر فقد يكون لاحد الأسباب الأهمية الأولى في انتشار الفساد بينما يكون في مجتمع آخر سببا ثانويا، وبشكل عام يمكن إجمال هذه الأسباب كما يلي:

1) انتشار الفقر والجهل ونقص المعرفة بالحقوق الفردية، وسيادة القيم التقليدية والروابط القائمة على النسب والقرابة.

2) عدم الالتزام بمبدأ الفصل المتوازن بين السلطات الثلاث التنفيذية والتشريعية والقضائية في النظام السياسي وطغيان السلطة التنفيذية على السلطة التشريعية وهو ما يؤدي إلى الإخلال بمبدأ الرقابة المتبادلة، كما أن ضعف الجهاز القضائي وغياب استقلاليته ونزاهته يعتبر سبباً مشجعاً على الفساد.

3) ضعف أجهزة الرقابة في الدولة وعدم استقلاليتها.

4) وتزداد الفرص لممارسة الفساد في المراحل الانتقالية والفترات التي تشهد تحولات سياسية واقتصادية واجتماعية كتلك التي يمر بها الشعب الفلسطيني (الانتقال من مرحلة الاحتلال إلى مرحلة الدولة) ويساعد على ذلك حداثة أو عدم اكتمال

البناء المؤسسي والإطار القانوني التي توفر بيئة مناسبة للفاسدين مستغلين ضعف الجهاز الرقابي على الوظائف العامة في هذه المراحل.

5) ضعف الإرادة لدى القيادة السياسية لمكافحة الفساد، وذلك بعدم اتخاذ أية إجراءات وقائيـة أو عقابية جادة بحق عناصر الفساد بسبب انغماسها نفسها او بعض اطرافها في الفساد.

6) ضعف وانحسار المرافق والخدمات والمؤسسات العامة التي تخدم المـواطنين، مـما يشـجع عـلى التنافس بين العامة للحصول عليها ويعزز من استعدادهم لسلوك طرق مستقيمة للحصول عليها ويشجع بعض المتمكنين من ممارسة الواسطة والمحسوبية والمحاباة وتقبل الرشوة.

7) تدني رواتب العاملين في القطاع العام وارتفاع مستوى المعيشة مما يشكل بيئة ملائمة لقيام بعض العاملين بالبحث عن مصادر مالية أخرى حتى لو كان من خلال الرشوة.

8) غياب قواعد العمل والإجراءات المكتوبة ومدونات السلوك للموظفين في قطاعات العمل العامـة والأهلي والخاص، وهو ما يفتح المجال لممارسة الفساد.

9) غياب حرية الأعلام وعدم السماح لها أو للمواطنين بالوصول إلى المعلومـات والسـجلات العامـة، مما يحول دون ممارستهم لدورهم الرقابي على أعمال الوزارات والمؤسسات العامة.

10) ضعف دور مؤسسات المجتمع المدني والمؤسسات الخاصـة في الرقابـة عـلى الأداء الحكـومي أو عدم تمتعها بالحيادية في عملها.

11) غياب التشريعات والأنظمة التي تكافح الفساد وتفرض العقوبات على مرتكبيه.

12) الأسباب الخارجية للفساد، وهي تنتج عن وجود مصالح وعلاقات تجارية مع شركاء خارجيين أو منتجين من دول اخرى، واستخدام وسائل غير قانونية من قبل شركات خارجية للحصول على امتيازات واحتكارات داخل الدولة، أو قيامها بتصريف بضائع فاسدة.

الآثار المترتبة على الفساد

للفساد نتائج مكلفة على مختلف نواحي الحياة السياسية والاقتصادية والاجتماعية، ويمكن إجمال أهم هذه النتائج على النحو التالي:

1) **اثر الفساد على النواحي الاجتماعية:** يؤدي الفساد إلى خلخلة القيم الأخلاقية والى الإحباط وانتشار اللامبالاة والسلبية بين أفراد المجتمع، وبروز التعصب والتطرف في الآراء وانتشار الجريمة كرد فعل لانهيار القيم وعدم تكافؤ الفرص.

كما يؤدي الفساد إلى عدم المهنية وفقدان قيمة العمل والتقبل النفسي لفكرة التفريط في معايير أداء الواجب الوظيفي والرقابي وتراجع الاهتمام بالحق العام. والشعور بالظلم لدى الغالبية مما يؤدي إلى الاحتقان الاجتماعي وانتشار الحقد بين شرائح المجتمع وانتشار الفقر وزيادة حجم المجموعات المهمشة والمتضررة وبشكل خاص النساء والاطفال والشباب .

2) **تأثير** الفساد على التنمية الاقتصادية: يقود الفساد إلى العديد من النتائج السلبية على التنمية الاقتصادية منها:

أ)   الفشل في جذب الاستثمارات الخارجية، وهروب رؤوس الأموال المحلية، فالفساد يتعارض مـع وجـود بيئة تنافسية حرة التي تشكل شرطا أساسيا لجذب الاستثمارات المحلية والخارجيـة عـلى حـد سـواء، وهو ما يؤدي إلى ضعف عام في توفير فرص العمل ويوسع ظاهرة البطالة والفقر.

ب)   هدر الموارد بسبب تداخل المصالح الشخصية بالمشاريع التنمويـة العامـة، والكلفـة الماديـة الكبـيرة للفساد على الخزينة العامة كنتيجة لهدر الإيرادات العامة.

ج)   الفشل في الحصول على المساعدات الأجنبية، كنتيجة لسوء سمعة النظام السياسي. هجـرة الكفـاءات الاقتصادية نظرا لغياب التقدير وبروز المحسوبية والمحاباة في أشغال المناصب العامة.

3) تأثير الفساد على النظام السياسي: يترك الفساد آثارا سلبية على النظام السياسي برمتـه سـواء مـن حيـث شرعيته أو استقراره أو سمعته، وذلك كما يلي:

أ)   يؤثر على مدى تمتع النظام بالديمقراطية وقدرته على احترام حقـوق المـواطنين الأساسـية وفي مقدمتها الحق في المساواة وتكافؤ الفرص وحرية الوصول إلى المعلومات وحرية الإعلام، كـما يحـد مـن شـفافية النظام وانفتاحه.

ب)   يؤدي إلى حالة يتم فيها اتخاذ القرارات حتى المصيرية منها طبقا لمصالح شخصية ودون مراعـاة للمصالح العامة.

ج) يقود للصراعات الكبيرة .

د) يؤدي إلى ضعف المؤسسات العامة.

ه) يسيء إلى سمعة النظام السياسي.

مؤشرات الفساد

ما هو مؤشر مدركات الفساد للعام 2003؟

يصنف المؤشر لهذه السنة 133 دولة حسب المستوى المقدّر لقبول الرشاوى لدى السياسيين وموظفي القطاع العام فيها. إنه مؤشر مركب اعتمد على 17 عملية استقصاء أجرتها 13 مؤسسة مستقلة شملت رجال أعمال ومحللي مخاطر من تلك الدول، من أهل البلاد والغرباء المقيمين فيها. مؤشر العام 2002 شمل مائة ودولتين. إن الزيادة في عدد الدول هذه السنة يعود إلى التعرف على مصادر جديدة موثوقة أمكن ضمها إلى المئة ودولتين.

ما هو تعريف الفساد في سياق أهداف المؤشر؟

يركز المؤشر على الفساد في القطاع العام، ويعرّف عنه على انه سوء استعمال الوظيفة في القطاع العام من أجل تحقيق مكاسب شخصية. طرحت الاستفتاءات المستعملة لجمع المؤشر أسئلة ذات صلة باستغلال المركز الإداري لتحقيق مكسب شخصي، مركزة، على سبيل المثال، على قبول الموظفين الحكوميين الرشوة في المشتريات الحكومية، مصادر المعلومات لا تميّز بين فساد الإداريين وفساد السياسيين.

ما سبب اعتبار المؤشر وسيلة قيّمة؟

السبب هو ان المؤشر مستقى من 17 حملة استقصاء شملت آراء رجال أعمال وأكاديميين ومحللي مخاطر من أجل الدول التي جرت فيها الحملات ومن الأجانب المقيمين فيها. إنه يعطي لمحة عن آراء صانعي القرارات المتصلة بالتوظيفات المالية وبالتجارة في تلك الدول. كما انه يراكم إدراك الناس لقضية الفساد ويلفت اهتمام الحكومات للصورة

السلبية التي يخلّفها تدني مرتبة البلاد على سلم المؤشر، مما يقدم سبباً آخر لتلك الحكومات لتصحيح الأوضاع.

ما الفرق بين مؤشر مدركات الفساد ومؤشر تقلبات الفساد العالمي؟

يسعى مؤشر مدركات الفساد إلى تقييم مستويات الفساد في مختلف الدول، بينما مؤشر تقلبات الفساد يهتم بمواقف الناس من تقلب تلك المستويات. ويطرح مستوى التقلب سؤالاً حول مدى تأثير الفساد في حياة الأفراد والعائلات، فتأتي الأجوبة متفاوتة وقد لا يكون لها صلة بمستويات الفساد. وقد يكون المستفتين من بعض الدول قادرين على تحمل العيش في جو من الفساد المرتفع وبينما يثير مستوى فساد بسيط قلقاً جدياً لدى الأشخاص الآخرين.

ما هو دور الموردين في الصفقات الدولية الإجرامية؟

في 14 أيار عام 2002 نشرت منظمة الشفافية الدولية المؤشر الثاني لدافعي الرشاوى الذي صنّف الدول الموردة وذلك حسب مستوى ميل الشركات الموردة فيها إلى الرشوة في البلدان الأخرى. يمكن الوصول إلى مؤشر دافعي الرشاوى عبر الإنترنت.

مؤشر دافعي الرشاوى مكمل لمؤشر مدركات الفساد ويشدد التأكيد على ان الفساد في الصفقات التجارة الدولية يشمل الراشين والمرتشين. إن اهتمام مؤشر مدركات الفساد بالمرتشي ـ وحده يعطي صورة ناقصة عن الحال.

هل صحيح الاستنتاج بأن البلد الأدنى نقاطاً هو الأكثر فساداً؟

كلا, إن الدول الأقل نقاطاً هي تلك المقدرة الأكثر فساداً بين الدول المذكورة في المؤشر. والمؤشر مستقى من استطلاعات هي عبارة عن لمحات زمنية معينة تعكس

وجهات نظر وخبرات. إضافة إلى ذلك هناك قرابة المئتي دولة في العالم في حين ان مؤشر مدركات الفساد للعام 2003 صنّف 133 دولة فقط.

لماذا يُبنى المؤشر على ملاحظات استدراكية فقط؟

يصعب الحصول على معلومات ملموسة للمقارنة بين مستويات الفساد في عدد كبير من الدول، كالمقارنة بين إعداد الدعاوى أو القضايا المعروضة على المحاكم. إن المعلومات العامة عن الدول لا تعطي صورة واقعية عن الفساد، بل انها تشير إلى نظرة المدعين العامين والمحاكم ووسائل الإعلام إلى طريقة عرض الفساد. إن الوسيلة الوحيدة لجمع المعلومات لغرض المقارنة هي الاعتماد على خبرات ومدركات الأشخاص الأكثر مجابهة مباشرة مع حقائق الفساد.

هل كان هناك أي تغيير في الشرائح الاجتماعية المستقاة لاعداد المؤشر لهذه السنة؟

صلابة حصيلة مؤشر مدركات الفساد يدعمها التشابه بين الآراء التي يبديها أهل البلاد وتلك الصادرة عن الغرباء المقيمين فيها. في السابق كان المستفتون في معظم الحالات رجال أعمال غربيين، وكان رأي البلدان الأقل تقدماً غير ممثّل. الآن تغير الوضع. فبتكليف من منظمة الشفافية الدولية استطلعت مؤسسة غالوب الدولية آراء أشخاص ينتمون إلى بلدان نامية طالبة منهم تقييم أداء موظفي القطاع العام. وأجرت مؤسسة انفورمايشن انترناشيونال عملية متشابهة فكانت نتائج الاثنتين متشابهة مع نتائج من مصادر أخرى، مما يدل على ان مؤشر مدركات الفساد يجمع معلومات غير متأثرة باعتبارات حضارية، تمثل مدركات عالمية.

ما هي المعايير المعتمدة لاختيار الاستقصاء؟

تبحث منظمة الشفافية الدولية عن المعلومات الدقيقة لاعداد مؤشر مدركات الفساد. وكي تلاقي المعلومات قبولاً يجب أن تكون حسنة التوثيق وأن تكون وفيرة بما يسمح الوثوق بها. وتسعى منظمة الشفافية الدولية للتأكد من ان المصادر المعتمدة هي من الصنف الأفضل وان عملية الاستقصاء تجري على أعلى مستويات التجرد وأن تكون منهجية التحليل ممتازة.

تقوم بمراجعة المنهجية لجنة توجيه مؤلفة من اختصاصيين عالميين مشهورين في دراسة الفساد والاقتصاد والإحصاء. يتقدم هؤلاء باقتراحاتهم بغية تحسين مؤشر مدركات الفساد. ولكن إدارة منظمة منظمة الشفافية الدولية هي التي تتخذ المقررات النهائية في شأن المنهجية التي ستعتمد.

ما هي البلدان المشمولة في مؤشر مدركات الفساد للعام 2003؟

لإدخال أي دولة في المؤشر يجب أن يكون لها ثلاثة مصادر في مخزن المعلومات. شمل المؤشر للسنة 2003 الدول التالية: الجزائر، أرمينيا، البحرين، بيليز، بوسنيا، هرزغوفينا، جمهورية الكونغو، كوبا، قبرص، غامبيا، العراق، إيران، الكويت، قيرقسقتان، لبنان، ليبيا، مقدونيا، مالي، موزمبيق، ماينمار، عمان، فلسطين، غينيا الجديدة، قطر، السعودية، صربيا، الجبل الأسود، سياراليون، السودان، سوريا، طاجكستان، الإمارات العربية المتحدة، واليمن.

أما البلدان التي لم يتوافر لها إلا مجموعتان من المعلومات (وهي بالتالي لم يشملها المؤشر) فهي أفغانستان، انتيغاظ، برومودا، البهاما، بربادوس، بنين، برمودا، جزر كايمن، تشاد، جمهورية الكونغو الديمقراطية، الدومينيك، اريتريا، فيجي، الغابون، غرانادا، غينيا-

بيساو، ليبيريا، ماكاو، مالطا، منغوليا، نيبال، النيجر، كوريا الشمالية، رواندا، جزر السيشل، الصومال، وتركستان.

وأما الدول التي لم يتوافر لها سوى مجموعة واحدة من المعلومات فهي اندورا، انغيا، أروبا، بوتان، بروناي، بوركينا فاسو، بورندي، كمبوديا، الرأس الأخضر، جمهورية أفريقيا الوسطى، جزر القمر، جيبوتي، تيمور الشرقية، غينيا الاستوائية، غوينا الفرنسية، غوادالوب، غينيا، غيانا، اللاوس، الليسوتو، ليخقنشتاين، جزر ملديفيا، المارتينيك، موريتانيا، انتيليا الهولندية، باولو، بورتوريكو، ساموا، ساوتومي وبرينسيب، سانت كيتس ونيفيس، سانتا لوتشيا، سانت فينست، الغرينادين، سورينام، سوازيلند، توغو، والجزر العذراء.

هل نقاط الدولة مقياس موثوق لمستوى الفساد فيها؟

إن مؤشر مدركات الفساد وسيلة جيدة لقياس مستوى الفساد. أما مقدار الاعتماد عليه فيختلف بين بلد وآخر. فالدول ذات عدد قليل من المصادر والتباينات الواسعة في تقييمات المصادر هذه، توحي بمقدار أقل من المصداقية من ناحيتي النقاط والترتيب.

هل استُعملت الاستقصاءات السابقة في المؤشر؟

جُمع المؤشر على أساس المعلومات المجموعة من العام 2001 إلى العام 2003. وبما ان كانت التغيرات الهامة في مستويات الفساد في بلد معين تحدث ببطئ فيما ان التقديرات كانت تتغير بسرعة أعلى وتتأثر إلى حد ما بأحداث قصيرة الأمد، قررت منظمة الشفافية الدولية وضع المؤشر على أساس المعدل الوسطي لثلاث سنوات. وعليه إن مؤشر مدركات الفساد لهذا العام معدّ حسب المعلومات المجموعة من العام 2001 إلى العالم 2003 دون سواها.

أي مصادر أسهمت في تقييم كل دولة على حدة؟

ثمة لائحة بالمصادر والإستقصاءات التي أسهمت في استخلاص مؤشر مدركات الفساد تلحق في آخر البيان الصحفي.

هل يمكن مقارنة معطيات سنة بمعطيات سنة سابقة؟

مقارنة النتائج بنتائج سنوات سابقة يجب أن تكون على أساس نقاط الدولة المعنية لا مرتبتها. ذلك ان المرتبة قد يتغير موقعها بسبب دخول دول جديدة إلى المؤشر وخروج أخرى منه. فارتفاع النقاط يشير إلى ان المجيبين على الأسئلة رفعوا الرتبة، بينما يشير انخفاض النقاط إلى انهم أعادوا النظر في تقييمهم. غير ان التغيّر في نقاط دولة ما من سنة إلى التالية لا يحدث فقط بسبب تغيّر في أدائها. بل أيضاً بسبب تغيّر المجيبين على أسئلة لاستقصاء وتغيّر المنهجية المتبعة. وهناك مصادر تقصر عن اللحاق بالتطورات، يجب التخلي عنها وإدخال مصادر جديدة موثوقة. ومع تغيّر المجيبين واختلاف بسيط في المنهجية المتبعة قد تتغير نقاط الدولة كما قد يكون لذلك صلة بتغيّر الأسئلة المطروحة وفي الآراء المجموعة. فالمؤشر يعطي صورة عن آراء رجال أعمال ومحللي أخطار سنة واحدة، ولا يركز كثيراً على اتجاه الأوضاع من سنة إلى أخرى.

أي دول سجلت أسوأ انخفاض نقاط بين عامي 2002 و2003؟

إن المقارنة بين سنة وأخرى مثيرة للشكوك، ولكن يمكن أن تشير بحذر على اتجاه. من الأمثلة الجديرة بالذكر عن اتجاه انحداري في الدول التالية: الأرجنتين، بيلاروس، تشيلي، كندا، إسرائيل، لكسمبورغ، بولندا، الولايات المتحدة، وزمبابواي. إن الانخفاض الحاد في نقاطها لم يتأتى عن عوامل تقنية وبالتالي من المحتمل أن يكون بتغيرات في الإدراك.

أي دول أظهرت أفضل تحسن مقاربة بالنسبة الماضية؟

مع الأخذ في الاعتبار الملاحظات الواردة في الجواب السابق، وعلى أساس المعطيات المستعملة في إعداد المؤشر ثمة تقدم حصل في كل من النمسا وبلجيكا وكولومبيا وفرنسا وألمانيا وماليزيا وإيرلندا والنروج وتونس.

آليات مكافحة الفساد والرقابة عليها

يتصل بمفهوم الفساد مجموعة من المفاهيم الأخرى التي تشكل عناصر أساسية في إستراتيجية مكافحته كالمحاسبة والمساءلة والشفافية والنزاهة، ويمكن توضيح كل منها كما يلي:

- **المحاسبة:** هي خضوع الأشخاص الذين يتولون المناصب العامة للمساءلة القانونية والإدارية والأخلاقية عن نتائج أعمالهم، أي أن يكون الموظفين الحكوميين مسؤولين أمام رؤسائهم (الذين هم في الغالب يشغلون قمة الهرم في المؤسسة أي الوزراء ومن هم في مراتبهم) الذين يكونون مسؤولين بدورهم أمام السلطة التشريعية التي تتولى الرقابة على أعمال السلطة التنفيذية.

- **المساءلة:** هي واجب المسؤولين عن الوظائف العامة، سواء كانوا منتخبين أو معينين، تقديم تقارير دورية عن نتائج أعمالهم ومدى نجاعتهم في تنفيذها، وحق المواطنين في الحصول على المعلومات اللازمة عن أعمال الإدارات العامة (أعمال النواب والوزراء والموظفين العموميين) حتى يتم التأكد من أن عمل هؤلاء يتفق مع القيم الديمقراطية ومع تعريف القانون لوظائفهم ومهامهم، وهو ما يشكل أساسا لاستمرار اكتسابهم للشرعية والدعم من الشعب.

- **الشفافية**: هي الوضوح داخل المؤسسة وفي العلاقة مع المواطنين (المنتفعين من الخدمة أو مموليها) وعلنية الإجراءات والغايات والأهداف، وهو ما ينطبق على أعمال الحكومة كما ينطبق على أعمال المؤسسات الأخرى غير الحكومية.

- **النزاهة**: هي منظومة القيم المتعلقة بالصدق والأمانة والإخلاص في العمل، وبالرغم من التقارب بين مفهومي الشفافية و النزاهة إلا أن الثاني يتصل بقيم أخلاقية معنوية بينما يتصل الأول بنظم وإجراءات عملية.

إن تعقد ظاهرة الفساد وامكانية تغلغلها في كافة جوانب الحياة يقتضي تبني استراتيجية تقوم على الشمولية والتكامل لمكافحة هذه الظاهرة، على ان يسبق ذلك تحديدا لمفهوم الفساد واسبابه وأشكاله ومن ثم العمل على التقليل من الفرص والمجالات التي تؤدي إلى وجوده أو تضفي عليه الشرعية والمقبولية من المجتمع. وتعزيز فرص اكتشافه عند حدوثه، ووضع العقوبات الرادعة بحق مقترفيه.

وينبغي الإشارة إلى أن القضاء على الفساد يتطلب كذلك صحوة ثقافية تبين مخاطره السياسية والاقتصادية والاجتماعية، وتنشر الوعي بتكاليفه العالية.

كما ينبغي توفر الإرادة من قبل القيادة السياسية لمحاربة الفساد حتى يكون ذلك على مستوى الدولة والمجتمع أو على الأقل بان لا تصطدم توجهات مكافحة الفساد مع السلطة السياسية.

أن محاربة الفساد تتطلب رأيا عاما نشطا وواعيا يتابع الأحداث، ويهتم بالكشف عن حالات الفساد ويعاقب عليها من خلال الحرمان من التأييد الشعبي للعناصر الفاسدة في النظام السياسي.

أمن المعلومات Security

يعد الهاجس الأمني من أهم العوائق والتحديات في وجه تطبيق الحكومة الالكترونية ومن خلال توفر الأمن المعلوماتي الشامل تكتسب الثقة.

من هنا يجب ألا يغيب عن بال القائمين على المشروع موضوع الأمن في كافة مراحل المشروع خاصة في مراحل التصميم والتطبيق.

هذا التأكيد لا يأتي من فراغ ولكن كثرة المخاطر التي تحيط بتطبيقات الانترنت من فيروسات واختراقات وأعمال تخريب متعمدة جعلت المستخدمين لا يثقون فيها وبالتالي يترددون في تقديم أي معلومات شخصية، وحتى تكتسب هذه المشاريع الثقة يجب الاستثمار في موضوع امن المعلومات بما يتناسب وحجم المشروع والمعلومات التي ستقدم من قبل المستفيدين.

اقتراحات في هذا المجال :

1) ضرورة تعيين مسئول متخصص في مجال أمن وسرية المعلومات يهتم بتقديم المعلومات الأمنية لكافة مراحل المشروع .

2) نقترح ضرورة إجراء تقييم مستمر للتطبيقات للتأكد من توفر أعلى درجات للاحتياطات الأمنية .

3) ضرورة الاهتمامات بكافة أنواع الأمن المعلوماتي المادي والمنطقي وتطبيق كافة الخطوات الضرورية في كل مرحلة من مراحل المشروع .

4) ضرورة الاهتمام بعمل النسخ الاحتياطي اليومي والأسبوعي والشهري مع ضرورة حفظ وسائط التخزين في أماكن آمنة بعيدة عن مراكز المعلومات الوطنية.

5) عدم إفشاء أية معلومات شخصية ما لم يتم الموافقة عليها من قبل الأطراف المعنية وهم الأشخاص المستفيدون والإدارة .

6) ضرورة تنفيذ الندوات والدورات التدريبية المستمرة لكافة العاملين وذلك لإبقاء معلوماتهم حول المخاطر الأمنية حديثة وفي مواجهة أي مخاطر .

7) ضرورة عمل خطط للطوارئ واختبار تلك الخطط في الظروف الاعتيادية .

تعريف الشفافية

الشفافية بمفهومها البسيط عبارة عن ظاهرة تقاسم المعلومات والتصرف بطريقة مكشوفة، وهي تضع سلسلة واسعة من المعلومات في متناول الجميع، وتعني أيضا بتوفر إجراءات واضحة لكيفية صنع القرار على الصعيد العام. و فتح تام لقنوات الاتصال بين أصحاب المصلحة والمسؤولين، وهي أداة هامة جدا لمحاربة الفساد الإداري وأحد أهم متطلبات الشفافية الكشف عن مختلف القواعد والأنظمة والتعليمات والإجراءات والآليات المعتمدة. وتعتبر هذه أول خطوة على درب فتح المجال للإقرار عمليا بالمحاسبة في حالة عدم احترام تلك القواعد والأنظمة.

وحيث أن الموضوع هو الاقتصاد الرقمي وليس الشفافية يجب أن يحتوي مشروع التحول إلى الحكومة الإلكترونية في كافة مراحله على مفهوم الشفافية تخطيطا وتصميما وتطبيقا لأنه من غير الشفافية التي تتطلب التغير في الفكر لا يمكن لمشروع الحكومة الإلكترونية أن يحقق النجاح .

نرى ضرورة أن تكون كافة الأنظمة والقوانين متاحة للجميع على الشبكة. كما نقترح وضع كافة الشروط والمتطلبات التي يجب أن تتوفر في طالبي خدمات الأجهزة

الحكومية وذلك حتى تتخلص تلك الجهات من عدم الموضوعية التي عادة ما تصاحب التفسيرات الشخصية للأنظمة والقوانين .

نقترح على القائمين على مشروع الحكومة الإلكترونية وكبار المسؤولين في الأجهزة الحكومية البدء بتطبيق مفهوم الشفافية ليكونوا قدوة وذلك بفتح قنوات الاتصال مع الآخرين والاستماع إلى آراء وهموم الناس وحل مشاكلهم والبعد عن التسويف والاعتذار بحجج واهية .

وحيث إن تطبيق الحكومة الالكترونية يتطلب جعل كافة التعاملات تتم مباشرة على الشبكة Online فإنه يجب أن تقدم تلك المواقع خدمة متابعة الطلبات التي قدمت آليا كأن ترسل رسائل بريد الكترونية أو أي أسلوب مناسب آخر للمتابعة .

لضمان نجاح المشروع نقترح أن تكون الشفافية جزءا من عملية التغير الشامل في الإجراءات والقوانين.

الفساد الإداري وتطبيق الشفافية عليه

أن الحديث عن الشفافية يجرنا حتما إلى مصطلحين آخرين لهما علاقة قوية بها وهما الفساد الإداري والمساءلة أو المحاسبة.

الفساد الإداري كما هو معلوم يقوى عند غياب الشفافية أي أن مصدر قوته في الغموض وعدم الوضوح فالرشوة والسرقة والخداع وغيرها من مظاهر الفساد الإداري لا تتم أمام الأعين وفي وضح النهار وإنما تتم خلف الستار في الظلام وهو شيء طبيعي أي أن ينتشر ـ الفساد وذلك لغياب المساءلة، وانعدام المحاسبة، ونحن في المجتمعات العربية لنا خصوصية في الفساد الإداري حيث المحسوبية الإقليمية والقبلية في إسناد الوظائف، واستغلال النفوذ.

إن نتائج الفساد الإداري خطيرة للغاية فهو يؤدي إلى هدر الموارد وبالتالي ضعف النمو الاقتصادي ويمكن أن يؤدي إلى انهيار تام للنظام.

مقترحات يجب مراعاتها

نقترح على القائمين على مشروع التحول للحكومة الإلكترونية ضرورة إيجاد جهات رقابية مهمتها المحاسبة والمساءلة في كافة الأمور المالية والإدارية على أن تكون ضمن مشروع التغير .

نقترح ضرورة سن القوانين والأنظمة التي تسمح لأجهزة الرقابة بممارسة دور رقابي فعال في الحفاظ على المال العام تطبق تلك القوانين بحق كل الخارجين على النظام، مع التأكيد على ضرورة الكشف والإعلان عن مظاهر الفساد ومحاسبة القائمين على إدارته .

كما نقترح بضرورة وضع آليات تحول دون سوء الإدارة واستخدام السلطة لأغراض شخصية أو فئوية. وتضع لبنات مجتمع مدني حر، تسوده العدالة والمساواة في الحقوق والواجبات.

الفصل التاسع
المسؤولية الاجتماعية في الأعمال الإدارية

المسؤولية الاجتماعية
في الأعمال الإدارية

تمهيد

سوف نتعرف في هذا الفصل إلى مفهوم المسؤولية الإدارية والى أي مدى تتضارب المصلحة العامة مع المصلحة الشخصية للموظف العام من خلال المسؤولية الممنوحة له، وننتقل بعدها إلى أخلاقيات الوظيفة العامة من حيث ماهية القيم والأخلاقيات ومسؤوليات وواجبات الموظف العام بالإضافة إلى المحظورات التي واجب عليه أن يتجنبها والمشاكل الأخلاقية ومصادرها وكيفية تعليم وتدريب الأخلاقيات المطلوبة في الموظف العام، وختاماً بالمبادئ الأخلاقية في قوانين الخدمة العامة في المملكة الأردنية الهاشمية.

مفهوم المسؤولية الإدارية

يستعمل مفهوم المسؤولية الإدارية في معان مختلفة، فهو قد يستعمل كمرادف لمفهوم السلطة القانونية (مثل مسؤولية تعيين الموظفين) كما أنها تستعمل لتعني مدى الاستجابة لقيم الآخرين أي مدى استجابة الإداري للأشخاص والجماعات داخل وخارج البيروقراطية وهذا يؤدي إلى معرفة موقع ومصدر القيم الإدارية المختارة.

وقد تعني المسؤولية: أن تعيين الفرد في وظيفة ما يفرض عليه التزاما معينا لتسلك سلوكاً يتفق مع قواعد أخلاقية وقيم حضارية معينة في تنفيذ تلك الوظيفة بالشكل الذي يساهم في تحقيق أهداف المنظمة، فالمسؤولية هي التزام نابع من الوظيفة كما أن الوظيفة نابعة من الأهداف.

المسؤولية وتضارب المصلحة العامة بالمصلحة الشخصية

يمكن حصر المسؤولية بنوعين رئيسيين هما:

1) المسؤولية الموضوعية بمعنى محاسبة الموظف المقصر من قبل رؤساءه الإداريين وقدرتهم على فرض عقوبات عليه في حالة مخالفته للأوامر.

2) المسؤولية الشخصية أو النفسية (أو الرقابة الذاتية) وهي التي تتصل بالولاء والانتماء ويقظة الضمير من قبل الموظف الفعاليات الإدارية التي يتصل عمله بها. فالمسؤولية الشخصية للإنسان المسلم تبعده عن الانحراف وتجعله ملتزماً بأحكام الله وشرعه في أعماله الإدارية، وهذه غاية ما يسعى الإسلام إليه. غير أن الإنسان بشر وهو معرض للخطأ أحياناً، ولا يخلو مجتمع ما من أن يكون فيه من يميل إلى الانحراف عن الحق، والنفس إمارة بالسوء. وعليه فهناك حالات تواجه الموظف العام بمواقف تتضارب فيه المصلحة العامة بالمصلحة الشخصية أو الخاصة بمعنى أن هناك مواقف تكون فها مصالح الفرد - وغالباً ما تكون مادية - متعارضة مع خدمة مصالح المجموع أو مصالح الأفراد الذي تقدم لهم الخدمة العامة، وهذا ما يسمي بالدوامة الأخلاقية.

نماذج للسلوك الوظيفي والقرار الإداري

حددت الكاتبة جويل فليشمان، ثلاثة نماذج للسلوك الوظيفي والقرار الإداري على النحو التالي:

النموذج الأول: تحقيق المصلحة الشخصية بمخالفة القانون والمصلحة العامة

عندما تكون المصلحة الذاتية هي الدافع السلوكي والمحرك الأساسي للموظف في عملية اتخاذ القرار الإداري وفي نفس الوقت في تناقض مع القانون واللوائح الإدارية وما يعتقد العقلاء وأهل الرأي أنه مصلحة عامة. ومثال ذلك تلك النوعية من الموظفين التي تسيطر عليها رغباتها ومصالحها الشخصية وتكون المحرك الأساسي لسلوكها فنجد أن

كثيراً من القرارات التي يتخذونها يغلب عليها الطابع الشخصي مما يجعلها مخالفة للأنظمة واللوائح والإجراءات من ناحية، ومن الناحية الأخرى مخالفة للمبادئ الأخلاقية والقيم المتعارف عليها.

النموذج الثاني: تحقيق المصحة العامة في إطار القانون وقد تتحقق المصلحة الشخصية للموظف من خلال تحقيق المصلحة العامة:

عندما يكون السلوك الوظيفي والقرار الإداري الذي يتخذه الموظف محققاً لمصلحة ذاتية وشخصية لكنه ليس مخالفاً للقانون أو مضراً بالمصلحة العامة. ومثال ذلك عندما يمارس الموظف عملاً أو نشاطاً معيناً أو يتخذ قراراً ويكون الغرض منه أولاً وأخيراً هو الصالح العام، وفي نفس الوقت يكون هذا التصرف في إطار ما يقره القانون والأعراف المتبعة، وفي مثل هذه الحالة قد تتحقق مصلحة ذاتية أو شخصية للموظف وهو يعمل لتحقيق المصلحة العامة، فهذه المصلحة الذاتية يمكن أن تعتبر مكافأة أو حافزاً لهذا الموظف طالماً أن الدافع الأساسي كان تحقيق الهدف العام.

النموذج الثالث: تحقيق المصلحة العامة بمخالفة القانون ولكن المصلحة الذاتية غير واردة إطلاقاً:

عندما تكون المصلحة الذاتية المباشرة غير واردة إطلاقاً في السلوك أو القرار الإداري لكن مع ذلك مخالفة للقوانين واللوائح الإدارية. ومثال ذلك عندما يقوم الموظف العام لتحقيق المصلحة العامة وفي تقديره أن ذلك يتطلب منه أن يتصرف تصرفاً خارج القانون والمبادئ الأخلاقية المتعارف عليها وفي نفس الوقت لا تكون المصلحة الذاتية واردة إطلاقاً.

أخلاقيات الخدمة
العامة في الدول العربية

ماهية القيم والأخلاقيات

تتصل مسألة أخلاقيات العمل الحكومي بالتوفيق بين مفهومي السلطة والمسؤولية في الإدارة، إذ أن مفهوم الأخلاقيات جزء من المفهوم الواسع للمسؤولية واحد ضوابط التي تحول دون التعسف أو إساءة استعمال السلطة البيروقراطية. والأخلاقيات وهي عبارة عن مجموعة القيم والأعراف والتقاليد التي يتفق أو يتعارف عليها أفراد مجتمع ما حول ما هو خير وحق وعدل في تنظيم أمورهم في هذا المجتمع أو ذاك، أما القيم فهي تلك القواعد والمعايير التي تمكن الفرد من التمييز بين الصح والخطأ وبين ما هو مرغوب فيه وما هو غير مرغوب فيه، وبين ما هو كائن وما يجب أن يكون.

وقد أدخلت النظرية الإسلامية بعداً اجتماعياً هاماً ومؤثراً في السلوك الإداري إلا وهو البعد الأخلاقي، فلا إدارة في الإسلام بلا أخلاق.

ولا شك فإن المسؤولية الإنسانية في الإسلام إنما تتجسد من خلال فكرة عمارة الأرض، وهي التكليف السامي الذي كلف الله به بني الإنسان (هو الذي جعل لكم الأرض ذلولاً فامشوا في مناكبها وكلوا من رزقه) وقوله سبحانه (إنا عرضنا الأمانة على السموات والأرض والجبال فابين أن يحملنا واشفق منها وحملها الإنسان). ومعنى ذلك أن الإسلام ربط بين الأخلاق والمسؤولية لنشر العدل والمساواة بين الأفراد.

مسؤوليات وواجبات الموظف العام:

هناك عدة مسؤوليات يجب أن يقوم بها الموظف العام وعدة واجبات يجب أن يأخذها في الاعتبار عند القيام بأعباء وظيفية، منها:

1) تأدية العمل أو الوظيفة التي يعهد بها إليه على أحسن وجه.

2) يجب على الموظف أن يحافظ على كرامة وظيفته وأن يسلك في تصرفاته مسلكاً يتفق مع الاحترام الواجب.

3) لا يجوز أن يحتفظ لنفسه بأصل أية ورقة من الأوراق الرسمية.

4) أن ينفذ جميع الأوامر الصادرة إليه من رؤسائه، ولكن له حق إبداء الرأي وتوجيه نظر الرئيس إلى صعوبة تنفيذ هذه الأوامر أو خطئها.

5) عدم التصريح ببيانات أو إحصائيات وحقائق لمندوبي الجرائد والمجلات... الخ إلا إذا كانت الوزارة قد فوضت له هذه السلطة.

المحظورات

أما المحظورات التي يتحمل الموظف المسؤولية عن القيام بها فكانت:

1) استغلال وظيفته لخدمة أهداف أو مصالح حزبية.

2) توزيع مطبوعات أو نشرات أو التوقيع على عرائض من شأنها النيل من سمعة الدولة وهيبتها.

3) العمل كمحرر في أي مطبوعة أو المشاركة في إداراتها.

4) استغلال وظيفته وصلاحياته لمنفعة ذاتية أو ربح شخصي أو قبول هدايا وإكراميات.

5) أن يعمل خارج دائرته بدون تصريح رسمي.

المشاكل الأخلاقية ومصادرها

تنبع معظم المشاكل غير الأخلاقية في الدول العربية من التفاعل اليومي لموظفي الخدمة المدنية مع المواطنين في المجتمع، إذ قد ينجم عن هذا التفاعل خرق لتعاليم الإسلام ولقوانين وتعليمات الحكومة وهي التي تتطلب من الموظف سلوكاً أخلاقياً.

ومن هذه المشاكل تعارض مصالح الموظفين الخاصة مع ما يقومون به من أعمال رسمية وذلك من خلال استغلال الوظيفة والسلطة الرسمية للحصول على منافع شخصية لهم لأصدقائهم أو أقربائهم، وكذلك تأخذ الممارسات غير الأخلاقية شكل الصفقات وتقديم الخدمات الخاصة لغير مستحقيها من الأقارب والمحاسيب، وقبول الهدايا من الشركات والأشخاص والتمييز بين المواطنين على أساس الدين والمنطقة والعرق والانتماءات السياسية وغيرها من المظاهر التي تعكس النظرة المصلحية للوظيفة على حساب تحقيق الكفالة والفعالية في أداء الوظائف العامة ولمصلحة المجتمع.

ولمعالجة ذلك تؤكد قوانين الدول العربية على ضرورة مراعاة معايير الجدارة والكفاءة كأساس للتعيين في الوظائف العامة، إلا أنه من الصعب تغيير هذه الأوضاع بسرعة لأنها جزء من الثقافة والقيم المحلية، فهناك نزعة للخلط بين الأدوار الشخصية والعائلية وبين الوظائف السياسية والإدارية والاقتصادية التي تؤديها الأفراد. فالولاء للعائلة أولاً وللوظيفة ثانياً تأخذ أولوية على الولاء للدولة وهو أمر مخالف للمعايير الأخلاقية الإدارية، وتتمثل المسألة الأخلاقية الأخرى في عدم كفاية التشريعات والإجراءات الرقابية.

ومن بين الوسائل العلاجية الممكنة لرفع مستوى السلوك الأخلاقي للموظفين:

تحسين إجراءات ورواتب الموظفين الحكوميين مما يضمن وضع الشخص المناسب في المكان المناسب، واستقطاب المؤهلين مما يوفر جوا من الاستقرار النفسيـ والمادي انطلاقاً من إدراك موضوعية وعدالة التعيين. وبالتالي يوفر فرصة طيبة لالتزام الموظفين بالأخلاقيات الإدارية ويزيد من رقابة المجتمع وتأكيده على أهمية التزام الموظف الحكومي بالمعايير الأخلاقية.

تعليم وتدريب الأخلاقيات في الخدمة العامة

يعتبر تعليم وتدريب الأخلاقيات عنصراً مهماً لتحسين مستوى الأداء الأخلاقي في الخدمة العامة ويجب أن تبدأ عملية تعليم الأخلاقيات لكل مواطن وخاصة لمن يطمح للعمل أو يعمل فعلاً في الحكومة. فيمكن من خلال عملية التعليم المدروس التأثير إيجاباً على اتجاهات الفرد نحو الحكومة والمجتمع فذلك يزيد من حساسية الموظف للأمور الأخلاقية وينمي شعوره بالمواطنة المسؤولة واحترام الخدمة العامة مهما كانت وظيفته في المستقبل.

ومما يؤسف له عدم وجود قواعد قانونية أخلاقية مكتوبة تتعلق بشؤون الخدمة العامة في الدول العربية إذ تقتصر القواعد المكتوبة على بعض التعليمات التي تركز على مسألة تعارض المصالح أو المحاباة.

ومن المهم أن تحتوي المناهج الدراسية على التعاليم الدينية لأن الدين مصدر أساسي من مصادر أخلاقيات وقيم النظم الإدارية المعاصرة حيث تحث الأديان على عمل الخير وتجنب الأعمال الرذيلة وتحدد الأنماط السلوكية الجيدة.

المبادئ الأخلاقية في قوانين الخدمة في المملكة الأردنية الهاشمية

تضمن نظام الخدمة المدنية بالمملكة الأردنية الهاشمية رقم 23 لسنة 1966م واجبات الموظف وسلوكه كالتالي:

مادة 81:

1) القيام بنفسه بمتطلبات الوظيفة التي يشغلها وتخصيص جميع أوقات الدوام الرسمي لعمل منتج.

2) تنفيذ الأوامر والتوجيهات التي يصدرها إليه رؤساؤه وتأدية واجباته بدقة وأمانة ونشاط وفي أسرع وقت ممكن.

3) تنمية المعلومات والخبرات الضرورية لممارسة صلاحياته وأداء واجباته.

4) تجنب الوقوع في أية مخالفة أو خرق للقوانين والأنظمة المعمول بها والحيلولة دون أي إهمال في تطبيقها.

5) التصرف بأدب وكياسة في علاقته برؤسائه وزملائه ومرؤوسيه وفي معاملاته مع الجمهور والمحافظة في جميع الأوقات على شرف الوظيفة وحسن سمعتها.

مادة 82:

1) أن ينقل أية معلومات رسمية لنشرها في الصحف دور موافقة رئيسه أو أن يفشي ـ أو ينشر ـ معلومات رسمية اكتسبها في أثناء الخدمة وبعد تركه إياها إلا بإذن خاص من الوزير.

2) أن يحتفظ لنفسه بأية وثيقة أو مخابرة من الوثائق أو المخابرات الرسمية وصورة أو نسخة عنها.

3) أن يفضي بأية معلومات أو إيضاحات عن المسائل التي ينبغي أن تظل سريعة بطبيعتها أو صـدرت بشأن سريتها تعليمات خاصة.

4) أن يمارس بنفسه أية أعمال تجارية أو صناعية أو زراعية مما يؤثر على عملـه الرسـمي أو يتعـارض معه.

5) أن يستعمل وظيفته وصلاحياته فيها لمنفعة أو ربح شخصي.

6) أن يقبل هدايا أو إكراميات أو منحاً من أصحاب المصالح أو من ينتمي إليهم.

7) أن يشترك في مشترى وبيع الطوابع البريدية أو اللوازم أو المهمات أو العقارات الحكوميـة أو أمـلاك الدولة بقصد الربح الشخصي أو المضاربة.

8) أن يقبل أي عمل خارج عن نطاق أعماله الرسمية إلا بتصريح من مجلس الوزراء.

مادة 83:

1) كل موظف يخالف أي حكم من أحكام هذا الفصل يحال إلى المجلس التأديبي لاتخـاذ الإجراءات المناسبة بحقه.

مادة 84:

1) على كل موظف أردني لدى تعيينه لأول مرة وقبل ممارسته أعمال وظيفته أن يقسم اليمين.

2) تقسم اليمين أمام الرئيس المباشر للموظف أو أمام رئيس أعلى.

3) يوقع كل موظف تشمله أحكام هذه المادة على القسم المذكور وترسل نسخة منه إلى رئيس ديوان الموظفين وتحفظ الثانية في ملف الموظف الشخصي في دائرته المختصة.

توصية نتيجة دراسة قام بها الكاتبان نانسي- جبرا وجوزيف جبرا توصلا من خلالها إلى الامور التي يجب أن يشملها قانون السلوك الأخلاقي: وهي:

1) أن لا يكون الموظفون جل اهتمامهم لوظائفهم وأن يتصرفوا بعدل وتجرد في تعاملهم مع الجمهور.

2) أن يعطي الموظفون جل اهتمامهم لوظائفهم وأن يتصرفوا بعدل وتجرد في تعملهم مع الجمهور.

3) أن يحاول الموظفون جهدهم إقناع الجمهور بأنهم يهدفون إلى تحقيق العدالة في أعمالهم.

4) أن لا يستغل الموظفون وظائفهم بطرق غير قانونية بهدف تحقيق مصالحهم الخاصة أو لتقديم الخدمات لغير مستحقيها.

5) أن يتحمل الموظفون مسؤولية إدارة الموارد العامة بأكفأ الطرق وأكثرها فعالية.

6) أن يحجّم الموظفون عن أي نشاط يؤدي إلى تعارض المصالح والأهداف وأن يعززوا ثقة المواطن بالدولة.

7) أن لا يستعمل المواطنون ثورتهم نفوذهم ومراكزهم وعلاقاتهم المختلفة للتأثر على الموظفين وإفسادهم.

الفصل العاشر
أجهزة الرقابة الداخلية وديوان
الخدمة المدنية

أجهزة الرقابة الداخلية وديوان الخدمة المدنية
والإصلاح الإداري في إدارة الموارد البشرية في الأردن

تمهيد

جاءت فكرة إنشاء أجهزة ووحدات الرقابة الداخلية في الوزارات والدوائر والمؤسسات العامة من أجل خدمة الإدارة العليا في مجال الرقابة على المال العام وضمان الالتزام بمستويات الأداء المخطط لإنجاز الاعراف المرسومة والتأكد من الأهداف المحددة قد تم إنجازها وفق الخطط والسياسات الموضوعية، وتزويد الإدارات العليا بالمعلومات والبيانات عما يجري على أرض الواقع لغايات أحكام الرقابة والتنظيم.

إضافة إلى موضوع ديوان الخدمة المدنية من الأجهزة الحكومية الفعالة في الأردن والذي يخص القطاع العام، ويعد حجر الزاوية في التوظيف وذلك لأن مدى فاعلية هذا الجهاز في تحقيق رسالته يعتمد إلى حد كبير على موارده البشرية وما يتمتع به أفراده من مؤهلات ومهارات وقدرات، وما لديهم من طاقات ودوافع وطموحات.

كما نجد أن سياسة الاختيار والتعيين بالوظائف العامة في مختلف الوزارات والمؤسسات العامة تأخذ بعين الاعتبار ظروف مجتمعه السائدة ومستويات تطوره الاقتصادي والاجتماعي والتربوي والتقني ومدى وفرة إمكانياته البشرية والمادية وكفايتها لسد احتياجاته وتنفيذ خططه وبرامجه.

وحدات الرقابة الإدارية داخل الأجهزة الحكومية

إن من واجب هذه الأجهزة هي السيطرة على الأموال العامة والتعاون مع بعضها البعض على محاربة الأخطار على موظفي الدوائر الحكومية. وعدم كفاية الصلاحيات

الممنوحة لوحدات الرقابة الإدارية الداخلية في تحقيق الأهداف المرجوة كما تم ذكره في سابق الأمر.

بموجب بلاغ رئيس الـوزراء رقـم (55) ورقـم (31) لسنة 1992 تـم الطلـب مـن جميـع الـوزارات والدوائر الحكومية والمؤسسات العامة الرسمية إنشاء وحدات للرقابة الداخلية ضـمن هياكلهـا التنظيميـة وحدد البلاغ الهدف العام من إنشاء هذه الوحدات ونطاق عملها ومجالاتها، كـذلك مهامهـا ومسـؤولياتها ومؤهلات العاملين فيها، وحدد أيضاً الإجراءات الواجب اتخاذها من قبـل الـدوائر المعنيـة لضمان وسـلامة أداء هذه الوحدات وحدد كذلك ارتباطها التنظيمي بأعلى سلطة إدارية في الوزارة أو المؤسسة.

اختصاصات وحدات الرقابة الداخلية

حدد بلاغ رئيس الوزراء رقم (3) لسنة 1992 المهام والمسؤوليات المناطة بهذه الوحدات على النحو التالي:

1) الفحص والتحقق من سلامة أساليب الأداء وإجراءات العمل والتوجيه أو تعديل كما يعيق الأداء الفعال أو الرقابة الفعالة.

2) الفحص والتحقق من حسن استخدام وتشغيل عناصر الإنتاج البشـرية والماديـة وسـلامة وسـائل حمايتها وصيانتها وتنميتها والمحافظة عليها.

3) تقييم نتائج الانحراف عن مستويات الأداء والخطط والسياسات المرسومة.

4) تشخيص المشاكل القائمة وتقسيم التوصيات بالإجراءات التصحيحية والحلول المقترحة.

5) إبداء الرأي في أي موضوع ذي طبيعة إدارية أو فنية بناء على طلب السلطة العليا في الوزراء أو الدفاتر الرسمية العامة التي ترتبط بها وحدة الرقابة الداخلية.

ومن اجل ضمان قيام هذه الوحدات بأداء دورها على أكمل وجه وبعيداً عن أي ضغوطات أو مؤشرات فقد حرص البلاغ على أن يحدد موقع هذه الوحدات في الهيكل التنظيمي للوزارة أو الدائرة وأكد البلاغ على أن يوفر هذا الموقع لوحدة الرقابة الداخلية الأمور التالية:

1) الاستقلال التام عن تأثيرات خطوط السلطة لكافة المستويات الإدارية الأخرى.
2) ضمان تنفيذ التوصيات والإجراءات التصحيحية المقدمة أو المقترحة من قبلها.
3) تقديم التقارير مباشرة إلى الوزير ونسخة منها إلى الأمين العام أو المدير العام المرتبطة به إذا كانت الوحدة تابعة لمؤسسة رسمية عامة.

المشاكل والمعيقات التي تواجه وحدات الرقابة الداخلية في القيام بمهامها ومسؤولياتها في مجال المشاكل والمعيقات التي تحد من عمل وحدات الرقابة الداخلية في القيام بمهامها ومسؤولياتها ما يلي:

1) نقص الكوادر البشرية المؤهلة للعمل في وحدات الرقابة الداخلية.
2) عدم وجود حصانة لموظفي وحدات الرقابة الداخلية مما يجعلهم عرضة للتنقل دائماً إذا ما حالوا تلمس أوجه الخلل والتقصير في أداء دوائرهم ومؤسساتهم.
3) توصيات واقتراحات وحدات الرقابة الداخلية الاستجابة من بعض المستويات الإدارية المختلفة في الدوائر الحكومية لعدم قناعتهم هذه الوحدات.

4) عدم كفاية الصلاحيات الممنوحة لوحدات الرقابة الداخلية التي تمكنها مـن تحقيـق الأهـداف والمهام المنوطة بها.

5) إن إنشاء وحدات الرقابة الداخلية في بعض الدوائر والمؤسسات الحكوميـة مجـرد إجـراء شـكلي، حيث أنها لا تمارس مهامها ومسؤولياتها كما حددها بلاغ رئاسة الوزراء.

6) النظرة السلبية لدور هذه الوحدات من قبل العاملين في كثير من المؤسسات الحكومية.

7) لا يزال اهتمام أنظمة الرقابة الداخلية ينصب على جانبها المالي أكثر من الجانـب الإداري بشـكل واضح.

التوصيات التي يركز عليها الباحثين لتفعيل دور وحدات الرقابة الداخلية في الأردن:

1) تحديث ومتابعة المستجدات التي تطرأ علـى الوسـائل والتقنيـات المسـتخدمة في الرقابـة الماليـة والإدارية

2) زيادة الاهـتمام في تطبيـق مفهـوم التمكـين للمـوظفين العـاملين في الأجهـزة ووحـدات الرقابـة الداخلية.

3) العمل على تحديث المعايير تبعاً للتطويرات التي تطرأ على العمل الإداري.

جهاز ديوان الرقابة والتفتيش الإداري

يعد ديوان الرقابة والتفتيش الإداري من أحدث أجهزة الرقابة الإداريـة في الأردن، جاء إنشـاء هـذا الجهاز متأخراً مقارنة مع معظم الأقطار العربية، وهذا لا يعني بأي حال من الأحوال غياب الرقابة الإداريـة على الأجهزة الحكومية، وسوف يتم تناول جهاز

ديوان الرقابة والتفتيش الإداري من خلال بيان هيكلة وتكوينه واختصاصاته ووسائل ممارستها والتطرق للمعايير الرقابية التي يستخدمها في ممارسة عمله الرقابي وإبراز المعيقات التي توجد في عمله.

هيكلية ديوان الرقابة والتفتيش الإداري

يرتبط ديوان الرقابة والتفتيش الإداري برئيس الوزراء الأمر الذي يساهم في إعطاء الديون سلطات وصلاحيات واسعة، ويؤلف الهيكل التنظيمي للديون من رئيس وتنتهي خدماته بقرار من مجلس الوزراء مقترن بالإدارة الملكية ويرتبط بالرئيس أمين عام يتولى اقتراح سياسات عمل الديون وإعداد خططه وبرامجه، ويتألف الديون كذلك من عدد من المديريات والتي تتمثل بالآتي:

1) مديرية الشؤون الإدارية والمالية: تتولى القيام بالأعمال الخاصة بالشؤون المتعلقة بالموظفين المستخدمين في الديوان وإدارة الشؤون المالية الخاصة بالديون.

2) مديرية الشؤون القانونية: وتتولى جميع القوانين والأنظمة والتعليمات المتعلقة بالوزارات والدوائر الحكومية تصنيفها وتبويبها.

3) مديرية المتابعة والدراسات والتطوير: وتتولى جميع البيانات والمعلومات المتعلقة بالهياكل التنظيمية للدوائر والوصف وتصنيفها الوظيفي الخاصة بها وعدد الموظفين فيه ومؤهلاتهم وخبراتهم ودراسة الإجراءات التي تحكم سير العمل.

4) مديرية قطاع المال والاقتصاد: وتتولى القيام بأعمال الرقابة والتفتيش على الدوائر والمؤسسات الحكومية ذات الطابع الاقتصادي والمالي كوزارة المالية والبنك المركزي.

5) مديرية قطاع الخدمات: وتتولى القيام بأعمال الرقابة والتفتيش على الدوائر والمؤسسات الحكومية ذات الصيغة الخدمية كوزارة الداخلية ووزارة النقل.

6) مديرية قطاع الموارد البشرية والتوجيه: ويستند إلى هذه المديرية أعمال الرقابة والتفتيش الإداري على الدوائر والمؤسسات الحكومية العاملة في مجال الموارد البشرية والتوجيه، كوزارة التربية والتعليم ووزارة التخطيط وديوان الخدمة المدنية.

ويرتبط بالهيكل فرعين أحدهما في اربد والآخر في العقبة، لتولي مهام الرقابة والتفتيش الإداري في تلك المناطق والأمر هناك يفعل دور اللامركزية في عملية الرقابة على الأجهزة الحكومية.

اختصاصات الديوان

يمارس ديوان الرقابة والتفتيش الإداري اختصاصات رقابية واسعة في النشاط الإداري، وقد حددت المادة (8) نظام من نظم الديوان هذه الاختصاصات بالآتي:

1) متابعة تنفيذ الدوائر الحكومية للقرارات والتعليمات والبلاغات الصادرة عن الجهات المختصة بمقتضى القوانين والأنظمة المعمول بها.

2) التحقق من تنفيذ الدوائر لخططها وبرامجها الإدارية.

3) دراسة الإجراءات الإدارية المعمول بها في الدوائر الحكومية والكشف عن أسباب قصور الأداء إذا وجدت، واقتراح الأساليب الكفيلة بتطور تلك الإجراءات وتبسيطها.

ديوان الخدمة المدنية في الأردن

مفهوم الخدمة المدنية

هي خدمة العاملين في الوزارات والمديرات والمؤسسات والمصالح والشركات العامة سواء كانت تتبع الإدارة المركزية أو الإدارة المحلية، وهي تتميز عن الخدمة العسكرية والخدمة في المؤسسات الأهلية والخيرية والدينية من حيث طبيعة العلاقة التي تربطهم بالدولة.

أيضاً هي عبارة عن مجموعة من العاملين في المجال المدني من الحياة العامة، إضافة إلى مجموعة من الحقوق والواجبات والقواعد القانونية التي تنظم الدخول إلى هذه الخدمة وتنظيم ممارسة العمل الوظيفي.

بمقتضى "نظام الخدمة المدنية" تعتمد قرارات وإجراءات الجهة المختصة بالتعليم العالي المتعلقة بالعبارات التالية:

- الساعة المعتمدة.
- الدراسة الجامعية النظامية.
- الدراسة الجامعية الأولى (الإجازة أو الليسانس أو البكالوريوس).
- الشهادة الجامعية الثانية (الماجستير).
- الشهادة الجامعية الثالثة (الدكتوراه).
- شهادة الهندسة التطبيقية.
- الشهادة الجامعية بالانتساب.

على كل دائرة حكومية بالتعاون مع الديوان القيام بما يلي:

1) أن تحدد حاجتها السنوية من الوظائف في ضوء التعليمات التي يصدرها مجلس الوزراء.

2) أن تختار للوظيفة الشخص الذي تتناسب قدراته ومؤهلاته وخبراته مع متطلبات وواجبات الوظيفة وفقاً للأسس والمعايير المقررة لهذه الغاية.

3) أن تعد مشروع نظام خاص بتنظيمها الإداري وتحدد فيه أهدافها والمهام الموكولة إليها.

4) أن توفر وسائل العمل الضرورية للموظف لتحسين أدائه لواجباته، مع مراعاة الاقتصاد في النفقات والحرص على أموال الدولة.

5) أن تعتمد نهجاً واضحاً للنظر في الشكوى المقدمة من الموظف والرد على شكوى أو ظلم ترد عليها.

يتولى " ديوان الخدمة المدنية " المهام والصلاحيات التالية:

1) متابعة تطبيق أحكام هذا النظام والتحقق من تطبيق الدوائر لأحكام التشريعات المتعلقة بالخدمة المدنية بصورة سليمة وعليها في سبيل ذلك القيام بما يلي:

أ. الاتصال بالدوائر للحصول على البيانات الإحصائيات المتعلقة بموظفيها بصورة خاصة أو بشؤون الخدمة المدنية بصورة عامة.

ب. الإطلاع على السجلات والوثائق والملفات المتعلقة بالموظفين أو بشؤون الخدمة المدنية في أي دائرة إذا دعت الحاجة لذلك.

2) وضع أسس للامتحانات التنافسية بين المتقدمين؛ للتعيين في الوظائف واتخاذ الإجراءات اللازمة لعقدها وفقاً لمتطلبات الوظيفة المعلن عنها بالتنسيق مع الدوائر المعنية.

3) دراسة حاجة الدوائر من الوظائف وحصر أعداد الموظفين الفائضين عن حاجة أي دائرة لنقلهم إلى دائرة أخرى والتنسيب لمجلس، قبل إعداد جدول للتشكيلات الوظيفية لاستكمال إجراءات نقلهم وفقاً لأحكام هذا النظام بالتنسيق مع الدائرة المعنية.

4) أي مهام تتعلق بالخدمة المدنية يكلفها بها رئيس المجلس.

5) على الديوان أن يقدم إلى المجلس تقريراً سنوياً عن أعماله وإنجازاته وخططه المستقبلية لعرضها على مجلس الوزراء.

يشكل مجلس يسمى " مجلس الخدمة المدنية" برئاسة وزير التنمية الإدارية وعضوية كل من:

1) وزير المالية.

2) وزير العمل

3) وزير التعليم العالي والبحث العلمي.

4) وزير التربية والتعليم.

5) رئيس ديوان التشريع والرأي.

6) رئيس ديوان الخدمة المدنية.

7) أربعة أشخاص من ذوي الخبرة والاختصاص بعينهم مجلس الوزراء بناء على تنسيب المجلس لمدة سنتين قابلة للتجديد لمرة واحدة.

يتولى المجلس وضع السياسة العامة للخدمة المدنية، وتوجيه الجهود المبذولة في تنفيذها لتطوير الجهاز الإداري في المملكة لتأمين درجة عالية من الفعالية والكفاءة للجهاز والمشاركة في خطط التنمية الشاملة لضمان الاستخدام الأمثل للقوى البشرية والموارد المتاحة في تنفيذ تلك الخطط بما في ذلك ما يلي:

1) تنظيم أجهزة الخدمة المدنية والعمل على تطويرها.

2) اقتراح التشريعات المتعلقة بالخدمة المدنية.

3) وضع الخطط العامة لإعداد الموظفين وتدريبهم بما في ذلك الأسس العامة لبرامج التدريب ومستوى كل منها.

4) إقرار تعليمات وصف الوظائف وتصنيفها وتعديلها بناء على الدراسات التي يعدها الديوان مع الدوائر لهذه الغاية.

5) تقديم التوصيات إلى مجلس الوزراء المتعلقة بالرواتب والأجور والعلاوات والحوافز والمكافآت بما يتناسب ومسؤوليات الوظيفة والمؤهلات والخبرات التي يجب توافرها في الموظف الذي يشغلها.

6) إعداد مشروعات الأنظمة الخاصة بأجور ومكافآت البحوث والدراسات والتدريب الإداري وأي أنواع أخرى من الجهود والأنشطة المتعلقة بالتنمية الإدارية.

7) إبداء الرأي بالتشريعات المتعلقة بأنظمة التنظيم الإداري للدوائر المحالة إليه، وفقاً لأصول التشريعات المقررة تمهيداً لاستكمال الإجراءات اللازمة لإصدارها.

8) وضع أسس ومعايير تقييم الأداء المؤسسي.

الوظيفة العامة وفئاتها

تعريفات

1) إن الوظيفة العامة مسؤولية وأمانة أخلاقية يتم إشغالها على أساس الجدارة.

2) باستثناء وظائف الفئة العليا، لا يجوز إشغال أي وظيفة عامة دون إجراء امتحانات تنافسية.

3) تصنف الوظائف إلى مجموعـات تتضمـن كـل منهـا الوظائـف المتماثلـة مـن حيـث طبيعـة عملهـا ومستوى مهامها والمؤهلات المطلوبة لأشغالها.

تقسيمات الوظيفة العامة

أ) تقسيم الوظيفة العامة في الدوائر إلى الفئات التالية:

1) الفئة العليا:

تتولى هذه الفئة المهام والمسؤوليات المحددة لها من هذا النظام.

2) الفئة الأولى:

تحدد مهام وظائف هذه الفئة بموجب تعليمات وصف الوظائـف وتصنيفهـا التـي يقرهـا مجلـس الخدمة المدنية ولا يعين في أي منها من كان يحمل الشهادة الأولى كحد أدنى.

3) الفئة الثانية:

تحدد مهام وظائف هذه الفئة بموجب تعليمات وصف الوظائف وتصنيفها التي يقرها المجلـس ولا يعين في أي منها إلا من كان يحمل الشهادة الجامعية الأولى حداً أدنى.

4) **الفئة الثالثة:**

تحدد مهام وظائف هذه الفئة بموجب تعليمات وصف الوظائف وتصنيفها التي يقرها المجلس ولا يعين منها إلا من كان يحمل شهادة الدراسة الثانوية العامة أو ما يعادلها حداً أدنى.

5) **الفئة الرابعة:**

وتشمل وظائفها المستخدمون في الوظائف الحرفية والمهنية والخدمات المساعدة وتحدد مهام هذه الوظائف بموجب تعليمات وصف الوظائف وتصنيفها التي يقرها المجلس، ولا يجوز أن يعين فيها إلا من كان تحصيله العلمي يقل عن شهادة الدراسة الثانوية العامة ولا ينقل موظفو هذه الفئة إلى أي من الفئات الأخرى كما لا يجوز تكليفهم للقيام بمهام وظائف هذه الفئات.

ب) تقسيم الموظفين في الدوائر إلى:

1) **موظفين دائمين:**

وهم الذين يعينون في وظائف دائمة من درجات محددة في جدول تشكيلات الوظائف.

2) **موظفين بعقود:**

وهم الذين يعينون بموجب عقود في وظائف مدرجة في جدول تشكيلات الوظائف أو على حساب المشاريع أو على حساب رواتب الموظفين المنفكين عن العمل بسبب الإعارة أو الإجازة الدراسية أو الإجازة دون راتب وعلاوات.

التعيين:

يشترط فيمن يعين في أي وظيفة أن يكون:

1) أردني الجنسية.

2) إكمال الثامنة عشرة من عمره بوثيقة رسمية.

3) سالماً من الأمراض والعاهات البدنية والعقلية التي تمنعه من القيام بأعمال الوظيفة التي سيعين فيها بموجب قرار من المرجع الطبي المختص على أنه يجوز تعيين ذي الاحتياجات الخاصة إذا لم تكن إعاقته تمنعه من القيام بأعمال الوظيفة التي سيعين فيها بشهادة المرجع الطبي المختص على أن تتوافر فيه الشروط الأخرى للياقة الصحية.

4) غير محكوم بجناية (باستثناء الجرائم ذات الصفة السياسية) أو بجنحة مخلة بالشرف والأمانة والأخلاق والآداب العامة.

5) حسن السيرة والسلوك.

أسس التعيين في الوظائف الحكومية

كيف يتم احتساب الترتيب التنافسي؟

حسب النظام الجديد لسنة (2003) يتم إعداد قوائم التنافس للترشيح للتعيين لأجراء الامتحانات التنافسية بحد أعلى (100) نقطة، يتم توزيعها حسب الأمور التالية:

1) الشهادة الجامعية حيث يخصص لها (30) نقطة

التقدير	ممتاز	جيد جداً	جيد	أقل من جيد
العلامة	84 فما فوق	84-76	76-68	68-59
النقاط	30	23	16	9

2) الشهادة الثانوية العامة حيث يخصص لها (20) نقطة

العلامة	100-90	90-80	80-70	70-60	دون 60
النقاط	20	16	12	8	4

3) حسب الأقدمية حيث يخصص لها (50) نقطة

السنة	قبل 1993	1994	1995	1996	1997	1998	1999
النقاط	50	46	42	38	34	30	26

السنة	2000	2001	2002		
النقاط	22	18	10		

مثـــال :

إذا كان هناك شخص ما أنهى الدراسة الجامعية بتقدير جيد جداً فإنه يحصل على (23) نقطة، وأيضاً أنهى الدراسة الثانوية بعلامة (75) فإنه يحصل على (12) نقطة وكان قد تخرج من الجامعة سنة (1999) فإنه يحصل على (26) نقطة. وبذلك عند جمع النقاط يحصل على (61) نقطة.

إجراءات التعيين

1) يقدم طلب التعيين في "الخدمة المدنية" على النموذج الذي يعد لتقديم الوظيفة والذي يعده الديوان لهذه الغاية وعلى النحو التالي:

أ- إلى الديوان لحملة الشهادة الجامعية.

ب- إلى الدائرة المختصة لمن يقل مؤهله العلمي عن الشهادة الجامعية الأولى.

2) على طالب التعيين عند التنسيب بتعينه تقديم جميع الوثائق اللازمة بما في ذلك المؤهلات العلمية والخبرات العلمية مصدقة حسب الأصول ولا ينظر في أي بيانات أو وثائق تتعلق بتلك المؤهلات والخبرات يتم تقديمها بعد صدور قرار تعيينه ولا تؤخذ أي منها بعين الاعتبار ولا تعتمد في إجراء أي تعديل مهما كان نوعه على وضعه الوظيفي أو في إعادة النظر في هذه الوضع.

3) يرشح الديوان إلى الدائرة لكل وظيفة عشرة أشخاص من حملة الشهادات الجامعية من أبناء المحافظة ممن حصلوا على أعلى النقاط كما تم ذكرها من خلال البحث، حيث أن ذلك لهدف إخضاعهم للامتحانات التنافسية.

4) يقوم الديوان بالتعاون مع الدوائر بإجراء امتحانات تنافسية عن طريق إعلانها في الجريدة الرسمية، وترتيب قوائم بأسماء الناجحين فيها وفقاً لنتائجهم الأعلى درجة فالأدنى.

5) يستثنى من أحكام النقطتين (3) و (4) المرشحين للتعين في وزارة التربية والتعليم والوظائف المهنية في وزارة الصحة حي يتم ترشيح شخص واحد لكل وظيفة من هذه الوظائف وفقاً لأسس التعين التي ذكرت سابقاً.

الإصلاح الإداري في إدارة الموارد البشرية في الأردن

تمهيد

يعتبر العنصر البشري هو أغلى الاستثمارات، ومهما تعاظمت الإمكانيات المادية والفنية تبقى قليلة الجدوى والفائدة ما لم تتوافر القدرات والمهارات البشرية التي تحسن استغلالها وتوظيفهم، كما أصبح العنصر البشري في الإدارة الحديثة محور التنمية ويحتسب كاستثمارات حاضرة ومستقبلية وهو الأسس في تحقيق الكفاءة والانتباه في النظم المؤسسية.

نقصد هنا في الإصلاح الإداري في الموارد البشرية: قدرة الأفراد العاملين في جهاز الدولة على تحقيق الأهداف بنجاح ضمن إمكانياتها وظروف المختلفة، مع التركيز على كل ما يلزم لتغيير السلوك للعاملين بحيث تحقق أهداف المجتمع بأعلى مستوى من الكفاية وبأقل قدر من التكاليف.

المقصود بالإصلاح الإداري:

والإصلاح الإداري هو جهد سياسي, وإداري, واقتصادي, ثقافي وإداري هادف لإحداث تغييرات أساسية إيجابية في السلوك والتنظيم والعلاقات والأساليب والأدوات، تحقيقاً لتنمية قدرات وإمكانيات الجهاز الإداري بما يؤمن له درجة عالية من الكفاءة والفعالية في إنجاز الأهداف.

أهداف الإصلاح الإداري في إدارة الموارد البشرية في الأردن

1) تنمية الشعور بالخدمة العامة لدى الموظف، وبالقدرة على المبادرة وروح التجديد والابتكار والإبداع وغرس الانتماء الوظيفي لديهم.

2) التركيز على سلوك العاملين أثناء التعامل مع الجمهور ومع زملائهم ورؤسائهم ومرؤوسيهم.

3) تطوير وظائف الخدمة المدنية والوظائف العامة بحيث تحقق طموح الدولة وشاغليها وأمالهم.

4) غرس الروح المعنوية في نفوس العاملين وإشعارهم بدورهم في تحقيق إنجازات العمل وأهدافه.

5) توفير المزايا والحوافز المادية والمعنوية والأدبية لإشباع حاجات العاملين ورغباتهم الفردية والجماعية.

تطوير وتنمية إدارة الموارد البشرية في الأردن

أولاً: تخطيط الموارد البشرية:

يعني تخطيط الموارد البشرية الجهد العلمي والعملي الهادف للاستقصاء والتعرف على الاحتياجات الفعلية من القوى العاملة للنهوض بالأعمال التي سيكون مطلوباً القيام بها في المواقع والوقت المناسبين وبالشكل المطلوب.

لتوضيح تخطيط الموارد البشرية العاملة في الأردن لا بد من إلقاء نظرة على ديناميكية الهيكل السكاني ونمو القوى العاملة، حيث نجد أن حجم سكان الأردن لعام (1999) قد بلغ (4.6) مليون نسمة، وارتفع في عام (2005) إلى (5.6) مليون نسمة، كما يقدر حجم القوى العاملة في الأردن بنحو (1.324.800) عامل وعاملة، ويقدر حجم البطالة بنحو (14.4) خلال عام 1997م وهي من أعلى النسب العالمية.

في حين تنمو القوة العاملة بنسبة أعلى من نسبة النمو السكاني حيث بلغ معدل نموها خلال الأعوام (1996-2010) حوالي (3.8%) في السنة أي أعلى من نمو

السكان، ويترتب على ذلك سرعة الدخول في القوة العاملة وسرعة الخروج منها، وينتج عن ذلك سرعة استجابة القوة العاملة للجهود المستهدفة في حوافز العمل.

وإذا استغل زخم النمو السكاني بالشكل الصحيح فإنه يحقق نجاحاً تنموياً.

يهدف التخطيط السليم للقوى العاملة إلى الاستخدام الأمثل وإيجاد قوة عمل منتجة ومستقرة وفعالة ضمن الوقت والمواصفات المحددة. ومن أهم بنود التخطيط السليم للقوى العاملة ما يلي:

1) تحديد احتياجات المنشأة من القوى العاملة من مختلف التخصصات والمستويات الوظيفية.

2) توفير احتياجات المنشأة من القوى العاملة من خلال ما يتوافر فيها حالياً مـن قوى عاملـة ومـا يمكنه استقطابه من سوق العمل من كفاءات.

3) التأكد من حسن توزيع واستخدام المنشأة للقوى العاملة في كافة مجالات العمل المتصلة بأهدافها.

4) تنمية وتطوير القدرات للعاملين من خلال أساليب التدريب والتأهيل المطلوبة لأداء العمل.

ثانياً: التحفيز:

ونقصد به مجموعة العوامل والمؤشرات التي تدفع الفرد لأداء عملـه بأرفع درجـة مـن الكفـاءة والفعالية بغية الحصول على تميز مادي أو معنوي وبنفس الوقت تولد لدى الفرد ولاء داخلي للمؤسسـة التي يعمل بها، لأنها تشبع حاجاته.

في الأردن يطبق نظام الحوافز في الخدمة المدنية، وذلك لتشجيع موظفين الـدوائر الحكوميـة علـى بذل المزيد من الجهد والى مكافأة المتميزين، كما أن هناك شروط معينة لمنح الحوافز كانت تحدد من قبـل مجلس التنمية الإدارية في وزارة التنمية الإدارية حيث تقدم لهم الحوافز في احتفالات خاصة لهذه الغايـة. حيث كانت الحوافز تنصب على الدوائر

الحكومية والعاملين فيها بشكل جماعي وليس بشكل فردي من أجل أداء أفضل وكفاءة أعلى. كما أطلقت الوزارة مشروع جائزة الملك لتطوير الإداريين ويتم أيضاً إعداد مشروع الحوافز في الخدمة حيث أقر من مجلس الوزراء. كما تساعد الجائزة إلى تحسين الأداء في الدوائر الحكومية وتقديراً لمبدأ التنافسية.

ويرى الباحث أن العلاقة الشخصية بين المدير والموظف إذا كانت متميزة فإنه ينسبه للحصول على حافز بغض عن إنتاجيته ومدى التزامه بالمعايير لمنح الحوافز. [أي السبيل الوحيد كأسلوب لتنمية القوى العاملة بطريقة موضوعية وبعدالة تامة دون أي تحيز].

ثالثاً: تقييم الأداء

تمثل إحداهم فعالية الإصلاح الإداري في قدرته على تقييم أداء مكوناته والتزامها بالتشريعات المعمول بها. ويجب أن تتضمن معايير الأداء أساليب تطبيقه واضحة ورقمية، وأن تساعد الشخص المسؤول على معرفة حسن أو سوء الأداء لتحديد المقصرين والمبدعين من الموظفين، وتنمية قدراتهم.

في الأردن أعدت وزارة التنمية الإدارية خطة لتقييم الاداء الفرد والمؤسسي- لأعوام 1998-2003م وتكونت بذلك البرامج التنفيذية على النحو التالي:

أ) وضع آلية لتقييم الأداء لكل جهاز إداري حكومي مقارنة بمجموعة الأهداف والبرامج السنوية المتفق على تحقيقها وفق معايير موضوعية وواضحة للأداء [أي التعرف على مستويات الأداء المقبولة من غيرها].

ب) وضع برنامج عمل لإجراء دراسة تستهدف تحديد كلفة تقديم الخدمات الأساسية العامة في الأجهزة الحكومية المختلفة.

ج) صياغة وتبني ميثاق لأخلاقيات الوظيفة العامة لتقييمها والعمل بموجبه في الخدمة المدنية.

د) تطوير دور كل من ديوان الخدمة المدنية وديوان المحاسبة ووحدة الرقابة الداخلية بما يضمن التقييم للأداء المؤسسي بكفاءة وفعالية، وبما يكفل تحسين مستوى أداء الأجهزة الحكومية المختلفة.

ه) شمول جميع العاملين في الدولة في مراجعة التشريعات المعنية بالخدمة المدنية، ومستويات الموظفين وفئاتهم لتقييم الأداء والربط بين التميز في الأداء والحوافز.

و) وضع آلية لاختيار الأفراد الأكثر تميزاً في الأداء وتكريمهم مادياً ومعنوياً.

ز) تطبيق آلية التبادل المؤقت للموظفين ما بين القطاع الحكومي والخاص، بحيث يخدم موظف الحكومة على فترات متباعدة ولمدة محدودة في أجهزة القطاع الخاص، [أي خلق مزيداً من التواصل بين القطاعين].

رابعاً: التدريب:

نقصد به جهد منظم ومخطط لتزويد القوى العاملة في الجهاز الإداري بمعارف معينة وتحسين وتطوير مهاراتها وقدراتها وتغير سلوكها واتجاهاتها بشكل إيجابي بناء.

كما من أكثر الوسائل فاعلية في تنمية القوى البشرية هو إيجاد نظام تدريبي في الخدمة المدنية لتمكين الموظفين من القيام بأعمالهم بكفاية ومسؤولية.

في الأردن تم التركيز على العملية التدريبية في جميع الوزارات والمؤسسات الأردنية منذ بداية التأسيس للمملكة، حيث أنشئت معاهد متخصصة في مجالات تدريب وتأهيل الموارد البشرية سواءً للموظفين الجدد أو العاملين لتطوير قدراتهم ومواكبة التغيرات العالمية ومجاراة سباق العصر.

فمثلاً أنشئ معهد الإدارة العامة سابقاً [المعهد الوطني للتدريب حالياً]: سنة 1968 من أجل القيام بمهمة الارتقاء بمستوى الأداء الوظيفي للقطاعين العام والخاص خدمة لخطط التنمية الاقتصادية الاجتماعية من خلال التركيز على التدريب الإداري والاستشارات الإدارية والبحوث الإدارية.

كما أفرزت الظروف الاقتصادية التي مر بها الأردن منذ التسعينات ولغاية الآن التركيـز عـلى عمليـة الإصلاح الإداري والاقتصادي وتقديم الخدمات بكفاءة وفاعلية، واتخاذ القرارات بعقلانية ورشد في استخدام المال العام، مما أدى إلى تفكير الحكومات الأردنية المتعاقبة بإرساء خطط وطنيـة للتـدريب تسـهم بزيـادة كفاءة وفعالية أداء الموظف العام، سواءٍ من كـان عـلى رأس عملـه أو المرشـح للتعيـين في الوظائـف العامـة وتوفير مناخ إيجابي للعمل.

أهم أهداف خطة التدريب في الأردن

1) تنمية مهارات وقدرات الموظف العام وإكسابه المعارف الجديدة بما ينسجم مـع التطـور في الأساليب العمل والمستجدات التقنية الحديثة.

2) تأهيل وإعداد مرشحين للوظيفة العامة قبل الخدمة ومتابعة قدراتـه دخـل العمـل بعـد تعينهم في الوزارات والمؤسسات المختلفة.

3) إعادة هيكلة مؤسسة التدريب المهني بهدف تنويع أشكال التدريب ورفع سويته.

4) إعادة هيكلة مشروع التدريب والتشغيل الوظيفي بهدف تنفيذ برامج تدريبية للأردنيين في مواقع العمل. وبالشركة مع القطاع الخاص.

5) متابعة التخطيط والتنفيذ لفعاليات التدريب من خلال التنسـيق ويتكامـل مـع الأجهـزة المعينة بالتأهيل والتدريب والتعليم العالي.

الخاتمــــــة

لا بد من وضع إستراتيجية وطنية شاملة في الإصلاح الإداري في إدارة الموارد تساعد وتكمل الإجراءات التي تعالج المشاكل الفورية فتشكل بذلك إجراءات وقائية احترازية علاجية يمكن تطبيقها على المدى البعيد.

وهنا لا بد من ضبط إداري متعلق بالوظيفة العامة وتطوير الإدارة وضبط الإجراءات وتبسيطها وتفويض الصلاحيات والتأنيب.

وأخلاقيات الوظيفة العامة ووضع ميثاق للموظف العام. ويجب تفعيل دور الرقابة الداخلية المتمثلة في وحدات الرقابة في الوزارات والمؤسسات الحكومية وتعزيز الرقابة الذاتية لدى الموظفين والولاء والإنماء للوطن.

ويجب الاهتمام بالمصادر البشرية والتدريب المستمر واختيار الموظفين على أساس الجدارة والكفاءة، وتطبيق أخلاقيات الوظيفة العامة وإحاطة الموظف بكل مستجدات وظيفته، على أن يكون التدريب مبنياً على أسس سليمة وأساليب. مناسبة ومن قبل مدربين أكفياء.

قائمة المراجع

المراجع العربية

1) أبو بكر بعيره، الرقابة الإدارية في المنظمات: مفاهيم أساسية، المنظمة العربية للعلوم الإدارية. عمان – الأردن، 1998.

2) أكرم شقرا، إدارة المشروعات الصناعية، المطبعة التعاونية. دمشق- سوريا، 2004.

3) رضا عبد الرزاق وهيب، إدارة الأفراد، مؤسسة المعاهد الفنية. بغداد - العراق،2007.

4) طارق المجذوب، الإدارة العامة، العمليات الإدارية والوظائف العامة والإصلاح الإداري، منشورات الحلبي الحقوقية. بيروت،2002

5) عبد الرحمن الصباح، الرقابة الإدارية بين النظرية والتطبيق. مكتبة الأقصى- عمان- الأردن ، 1993.

6) عبد الغفور يونس، إدارة الأعمال. دار النهضة العربية. لبنان، 2001.

7) علي السلمي، التخطيط والمتابعة. مكتبة غريب، الفجالة، 2000.

8) علي عباس، الإدارة المالية. دار إثراء للطباعة والنشر، عمان – الأردن، 2007.

9) علي عباس، الرقابة الإدارية في منظمات الأعمال، (ط1). دار إثراء للنشر والتوزيع، 2008.

10) علي عباس، مروة أحمد، بحث دوران القوى العاملة، مجلة جامعة المستنصرية. بغداد، 1994.

11) عمر عقيلي وآخرون، إدارة القوى العاملة. دار زهران للطباعة والنشر. عمان – الأردن، 2002.

12) فايز الزعبي، الرقابة في منظمات الأعمال، (ط1). الكرك – الأردن، 1995.

13) كامل السيد غراب، فادية حجازي، نظم المعلومات الإدارية، مدخل إداري، (ط1). عمان – الأردن ، 1999.

14) كامل المغربي، الإدارة. مطابع لنا. الرياض، 2000.

15) محمد الشريف، الرأي العام ومسؤولياته في مكافحة الفساد، ورقة مقدمة لندوة مكافحة الفساد الإداري، عمان – الأردن، 1995.

16) محمد سعيد عبد الفتاح، إدارة المشتريات والمخازن، المكتب العربي الحديث. الإسكندرية، 1985.

17) محمد شاكر عصفور، أصول التنظيم والأساليب، (ط8). دار وائل للنشر والتوزيع. عمان – الأردن، 2003.

18) محمد عبد الفتاح ياغي، الرقابة في الإدارة العامة، (ط2). مركز أحمد ياسين الفني. عمان – الأردن، 1994.

19) محمد عبد الفتاح ياغي، مبادئ الإدارة العامة، (ط3). مركز أحمد ياسين الغني. عمان – الأردن ، 1998.

20) محمد قاسم القريوتي، مبادئ الإدارة، النظريات والعمليات. (ط2). دار وائل للنشر والتوزيع. عمان – الأردن، 2004.

المراجع الأجنبية

1) Ralf, C.Davis, The Fundam entals of Top Management N.Y harbver & Brothers,2004.

2) Terry S. Mannes & J.W.hend Financial Analysis and Forecasting, Prentice Hall Inc. 2002.

3) Harold Koontz, Cyril. O. Donnell and Heinz weihrich, Management, International Student Edition. London: Mc Graw-Hill International Bool, 1984.

4) Schulthesis and summer Mary, Management information system: the Manager's view, Boston: Richard Irwin, Inc. 1989.

5) Rechard L Daft. Management, 3ed , Pryden Press, Florida, USA. 1993.

6) Gvishiani D. organization and Management English ed. Moscow. 2004.

7) William foote whyte, Learning From The fieldm Sage publishing Inc. London , 2002.

8) Sdchermerhorn, J, Management. 7th. ED. John wiley & sons. New York, Inc. 2001.

9) www.year200.com

10) Robert G. Murdick.et.Al, information system for modem management, 3rd prentice hall. Newdelhi, 1996.

11) www.cba.edu.sa.

12) www.guran-radio.ps.

13) www.iad.gov.qa/arabic/2009plan.

14) www.annabaa.org/nbanews/69/.186.htm.

15) www.aljazeeratalk.net/forum/archive/index.php/t-14470.html.

16) www.al-jazirah.com

17) www.q8control.com.